KB190785

노아 홍수와 방주

성경적창조론프로젝트저작물시리즈 **04**

노아 홍수와 방주

초판 1쇄   2022년 12월 30일

발 행 인   김학유
편 집 인   김병훈
지 은 이   김진수·이경호
펴 낸 곳   합동신학대학원출판부
주   소   16517 수원시 영통구 광교중앙로 50 (원천동)
전   화   (031)217-0629
팩   스   (031)212-6204
홈페이지   www.hapdong.ac.kr
출판등록번호   제22-1-2호
인 쇄 처   예원프린팅 (031)902-6550
총   판   (주)기독교출판유통 (031)906-9191

ISBN 979-11-978944-5-9 03230

값은 뒷표지에 있습니다.

노아 홍수와
방주

김진수 · 이경호 공저

HS PRESS

합신대학원출판부

1부   구약신학자가 본 노아홍수 이야기

2부 조선공학자가 본 노아방주 이야기

1부

/

/

구약신학자가 본 노아홍수 이야기

김진수 교수(구약신학, 합동신학대학원대학교)

구약 성경 창세기는 노아 시대에 온 땅에 임한 대홍수에 관한 기
사를 담고 있다. 세상에 사람들이 많아지면서 악도 증가하여 마
침내 하나님이 세상을 지으신 것을 한탄하실 지경이 되었다. 하
나님은 의인 노아와 그의 일곱 식구를 제외한 모든 사람을 홍수
로 멸하고자 하셨다. 이 심판에는 육지의 동물들과 공중의 새들
도 포함되었으며, 그들 중 일부만 살아남을 수 있었다. 노아는 하
나님의 지시에 따라 식구들과 선택된 동물들을 위한 방주를 준
비하였다. 마침내 홍수가 임하였고 "천하의 높은 산"이 모두 물
에 잠길 정도로 물이 온 세상을 뒤덮었다. 홍수가 시작된 지 150
일이 지나자 물이 줄어들기 시작하고 만 일년이 되었을 때 땅이
말라 방주에 탄 자들이 밖으로 나올 수 있었다. 이 이야기는 역사

의 한 시점에 일어난 사건을 서술한다는 점에서 역사 기록의 형
식을 가지고 있으며 독자들에게 그렇게 읽히도록 의도되었다.
신약 성경이 이를 뒷받침한다. 베드로는 노아 홍수를 역사적 사
실로 전제하고(벧전 3:20; 벧후 2:4), 노아 시대의 물 심판을 종말에
있을 불 심판의 유비로 해석한다(벧후 3:6-7). 같은 방식이 예수님
의 가르침에도 나타난다. 예수님은 노아 시대의 홍수에 빗대어
종말에 있을 심판을 설명하셨다(마 24:37-39).

그러나 창세기의 홍수 기사를 읽거나 연구하는 사람들 가
운데는 노아 홍수를 역사적 사실로 받아들이지 않는 사람들도
많다. 이들에게 온 세상이 홍수의 물에 잠겼다는 성경의 이야기
는 현실 세계에 도무지 있을 수 없는 신화나 전설 속의 이야기와
같다. 그들은 "역사적 자료와 역사 기록의 신빙성은 그것이 얼마
나 이성적으로 납득될 수 있고, 추체험될 수 있으며, 개연성이 있
어 보이며, 가능한 한 검증될 수 있는가에 달려 있다"고 주장한
다.[1] 이들의 주장대로라면 성경 기록의 대부분은 역사적 사실과
거리가 먼 옛 이야기에 지나지 않는다. 설령 이 이야기에 아무리
심오한 의미가 담겼다 할지라도 그것은 현실과 동떨어진 허구의
벽돌로 지은 집에 불과하다. 그런 집에 들어가 살기 위해 고난을
감내하고 재산과 명예와 생명을 희생할 사람들이 과연 있겠는

---

1   W. Dietrich, *Die frühe Königszeit in Israel: 10. Jahrhundert v. Christus*
    (Biblische Enzyklopädie 3; Stuttgart: Kohlhammer, 1997), 96.

가? 앞서 간 성도들이 온갖 박해에도 불구하고 성경의 가르침을 굳게 지킨 이유는 자신들의 삶이 역사적 실재인 만큼 성경의 가르침이 실제 역사에 기반한다고 굳게 믿었기 때문이다.

베드로와 예수님이 가르치셨던 것처럼 필자는 노아 홍수가 역사적 사실이었다고 믿는다. 혹자는 이런 입장을 "근본주의"(fundamentalism)라고 폄하할지도 모른다. 그러나 기독교 신앙은 성경에 기초한다. 성경을 떠난 기독교 신앙은 있을 수 없다. 성경이 홍수 기사를 역사적 사실로 제시하는 한 그것을 믿음으로 받아들이는 것이 기독교 신앙이다. 물론 성경에는 비유나 상징으로 해석되어야 할 내용들도 많다. 그런 내용들을 억지로 "역사"라고 우긴다면, 이 역시 성경을 존중하지 않는 일이다. 그러나 창세기의 홍수 기사에는 노아 홍수를 역사적 사건으로 받아들일 수 있게 해 주는 충분한 증거들이 있다. 이 글에서 필자는 다음 세 가지 주제를 살피면서 창세기의 홍수 기사가 역사적 사건을 기록한 글이란 사실을 논증할 것이다: 1) 노아 홍수의 배경, 2) 노아 홍수와 메소포타미아의 신화, 3) 창세기의 홍수 기사와 문서설.

1

노아 홍수의 배경

하나님의 아들들과 사람의 딸들

창세기의 홍수 기사는 홍수 심판의 배경을 알려 주는 한 특별한 이야기와 함께 시작한다. 그것은 하나님의 아들들이 사람의 딸들을 아내로 취했다는 창세기 6:1-4의 이야기다.[2] 이 이야기는

---

2 주석가들은 대체로 창세기 6:1-4를 홍수 기사의 도입부로 여기지 않는다. 폰라드는 창세기 6:5-8을 홍수 기사의 서막으로 본다. G. von Rad, *Das erste Buch Mose* (ATD; Berlin: Evangelische Verlagsanstalt, 1955), 94. 메튜스는 창세기 6:1-4을 셋의 계보(5장)에 대한 결론으로 간주한다. K. A. Mathews, *Genesis 1-11:26* (NAC; Nashville: B&H, 1996), 320-22. 그러나 창세기 6:1-4은 홍수 기사와 함께 셋의 계보 안에 들어와 있다. 족보에서 한 사람의 출생과 죽음은 언제나 함께 언급된다(창 5:1-31 참조). 그런데 노아의 경우 출생(5:30)과 죽음(9:29) 사이에 6:1-4와 홍수 기사가 배치된다. 이는 6:1-4이 홍수 기사와 밀접한 관련을 가지며 홍수의 배경을 이룬다는 의미로 해석될 수 있다. 키카와다와 퀸도 이 입장을 따른다. I. M.

여러 면에서 성경 독자들에게 어려움을 야기한다. 가장 큰 어려움은 이 두 그룹이 누구를 가리키는가 하는 문제이다. 창세기에서 "하나님의 아들들"이라는 칭호는 여기에 처음으로 등장한다. 그런 만큼 이 칭호는 독자들에게 의문으로 다가오며, 그렇게 불리는 존재들이 수수께끼처럼 여겨진다. 따라서 해석자들의 의견도 다양하다. 때때로 의견의 다양성은 이해의 풍요로움을 가져온다. 그러나 여기서 의견의 차이는 성경을 이해하는 방식에서 근본적인 차이를 의미할 수 있기에 해석의 다양성이란 말로 만족하기란 곤란하다. 특히 가장 많은 지지를 받는 해석이 성경 기록의 역사적 진리 주장을 신뢰하는 독자들에게 수용되기 힘든 까닭에 어려움은 배가된다. 이 해석을 따를 경우 홍수 기사의 서막인 창세기 6:1-4은 실제 역사와 거리가 먼 신화처럼 되며, 그에 따라 홍수 기사 자체도 고대 근동의 흔한 홍수 신화의 하나로 치부될 위험에 빠지게 된다.

천사와 인간

역사비평적 성경 연구를 대표하는 벨하우젠(J. Wellhausen, 1844-

Kikawada and A. Quinn, *Before Abraham Was: The Unity of Genesis 1-11* (San Fransisco: Ignatius Press, 1989), 85-86, 101-03.

1918)은 창세기 6:1-4이 천사("하나님의 아들")가 인간("사람의 딸
들")과 성적으로 결합하는 이야기로 받아들인다. 사실상 이런 관
점은 초대 교회의 교부들로 거슬러 올라간다. 순교자 저스틴이
나 이레네우스, 알렉산드리아의 클레멘트, 터툴리안, 오리겐 등
은 "하나님의 아들들"을 천사로 받아들였다.[3] 이들 교부들은 창
세기 6:1-4의 내용이 역사적 사실이라는 것에 대해서는 의심하
지 않았다. 그들은 이 본문이 천사의 타락을 설명한다고 생각했
다(벧후 2:4; 유 1:6-7 참조). 그러나 벨하우젠의 경우는 다르다. 그
는 이 본문을 "매우 순수한 신화적인 이교도의 작품"으로 평가
한다.[4] 오늘날 많은 해석자들은 벨하우젠과 마찬가지로 창세기
6:1-4의 내용을 신화로 이해한다.[5] 그들에게 이 본문은 제우스
가 인간 여인 알크메네와 동침하여 반신반인 헤라클레스를 낳은
것처럼 "하나님의 아들들"이 "사람의 딸들"과 결혼하여 "네피
림"을 낳은 이야기를 들려 주는 신화이다.

---

3 Cf. J. Doedens, *The Sons of God in Genesis 6:1-4* (Debrecen: Kapitális Printing
   House, 2013), 124-78.

4 J. Wellhausen, *Prolegomena zur Geschichte Israels*, 6. Aufl. (Berlin: Walter de
   Gruyter, 2001), 310.

5 몇 가지 예를 들면, C. Westermann, *Genesis 4-11*, 4. Aufl. (BKAT; Neukirchen-
   Vluyn: Neukirchener Verlag, 1999), 491-517; R. Albertz, *Religionsgeschichte
   Israels in alttestamenlicher Zeit 2* (ATD 8/2; Göttingen: Vandenhoeck &
   Ruprecht, 1997), 653; R. S. Hendel, "Of Demigods and the Deluge: Toward
   an Interpretation of Genesis 6:1-4," *JBL* 106/1 (1987): 13-26.

이 해석은 나름대로 성경적 근거를 가지고 있다. 욥기에 "하나님의 아들"이란 표현이 나오며 그곳에서 이 표현은 분명히 천상의 존재를 가리킨다(욥 1:6; 2:1). 하지만 성경의 각 표현은 그것이 속한 문맥에서 해석되어야 한다. 문맥을 고려하지 않은 채 같은 표현이라는 이유만으로 욥기의 것과 창세기의 것을 동일시하는 것은 올바른 해석방법이 아니다.

창세기 6:1-4에는 "하나님의 아들들"을 천사로 볼 수 없게 만드는 중요한 요소가 있다. "하나님의 아들들"이 천사라면 왜 그들의 심판이 언급되지 않는가? 어떤 해석자는 천사("하나님의 아들들")의 심판은 저자의 관심이 아니라고 주장한다.[6] 그는 모든 것이 다 계시되어야 할 필요는 없으며, 인간의 믿음과 삶에 꼭 필요한 것만 성경에 기록되었다고 설명한다. 옳은 이야기다. 그러나 저자가 "하나님의 아들"이란 의미심장한 칭호를 도입하고 이 칭호를 가진 자들의 행위를 언급한 다음, 더 이상 그들에게 관심을 갖지 않았다는 말은 설명이기보다 궁색한 해명처럼 보인다. 더욱이 인간의 타락과 그에 따른 심판이 저자의 주된 관심이라면 — 사실 이것은 옳은 관점이다 — 왜 본문에서 천사("하나님의 아들들")의 범죄 행위가 강조되는가? 본문은 "하나님의 아들들"이 주도적으로 행동하는 모습을 강조한다. 그들이 먼저 "보고",

---

6 W. A. Van Gemeren, "The Sons of God in Genesis 6:1-4: An Example of Evangelical Demythologization?" *WTJ* 43 (1981): 320-48.

"취하는" 행위를 한다. 반면 "사람의 딸들"은 완전히 수동적이다. 그들은 다만 아름다웠을 뿐이다. 본문은 "사람의 딸들"이 자신들의 아름다움으로 누군가를 유혹했다는 어떤 암시도 주지 않는다. 본문이 천사와 대비되는 인간에 초점을 맞춘다면, 인간("사람의 딸들")의 문제가 더 부각되어야 하지 않는가?

신화적인 해석이 가진 또 다른 문제점은 본문의 "네피림"을 하나님의 아들들이 사람의 딸들과 성적으로 결합하여 낳은 산물로 본다는 점이다. 그러나 창세기 6:4의 히브리어 구문은 결코 이 관점을 지지하지 않는다. 이 구절은 다만 하나님의 아들들이 사람의 딸들과 관계를 맺을 당시 "네피림"이 있었다는 사실을 추가로 부연할 뿐이다.

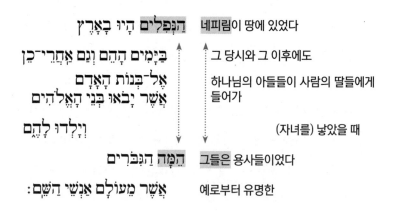

위에서 볼 수 있듯이 네피림은 하나님의 아들들이 사람의 딸들

에게 들어갈 때 당시에 있었던 현상으로 소개될 뿐이다. 네피림과 이 특이한 결합 사이에 어떤 직접적인 연관이 있는지 분명하게 설명되지 않는다. 흔히 "용사들"은 하나님의 아들들과 사람의 딸들 사이에서 난 "혼성체"(hybrids)로 오해되지만, 히브리어 구문은 그런 이해를 지지하지 않는다. 여기서 "용사들"은 네피림을 가리키며, 네피림은 문제의 성적 결합과는 별개의 이슈다.[7]

그렇다면 천사들의 타락을 언급하는 신약의 본문들(벧전 3:19; 벧후 2:4; 유다 1:6-7)은 어떻게 보아야 하는가? 종종 이 본문들은 창세기 6:1-4과 연결되는 것으로 간주된다. 하지만 신약의 해당 본문들은 난해하여 해석이 요구되며 해석자들의 견해도 다

---

7 양식 비평의 창시자 궁켈 역시 현재의 히브리어 구문이 "다만 저 천사 결혼과 거인의 동시성만"("nur die Gleichzeitigkeit jener Engelehen und der Riesen") 이야기한다고 설명한다. 하지만 궁켈은 현재 히브리어 구문은 원래 전승을 수정한 것이라고 주장한다. 그는 원래 전승에 네피림이 천사의 자식으로 묘사되었을 것이라고 추측한다. H. Gunkel, *Genesis* (Göttingen: Vandenhoeck & Ruprecht, 1901), 53. 궁켈의 관점은 폰라드, 베스트만 등과 같은 학자들이 수용하는 견해이기도 하다. G. von Rad, *Das erste Buch Mose* (ATD; Berlin: Evangelische Verlagsanstalt, 1955), 92-94; C. Westermann, *Genesis Teil 2: Kapitel 4-11*, 4. Aufl. (BKAT; Neukirchen-Vluyn: Neulirchener Verlag, 1999), 510-12. 히브리어 구문에 대한 설명으로 다음 글도 참고하라: P. J. Gentry, S. J. Wellum, *Kingdom through Covenant. A Biblical-Theological Understanding of the Covenants* (Illinois: Crossway, 2012), 149-51; J. H. Sailhamer, *Genesis*, vol. 1 of The Expositor's Bible Commentary 1, T. Longman III & David E. Garland, eds. (Michigan: Zondervan, 2008), 115; S. Fockner, "Reopening the Discussion: Another Contextual Look at the Sons of God," *JSOT* 32 (2008): 453.

양하다.[8] 이런 상황에서 이 본문들을 근거로 창세기 6:1-4을 해
석하는 것은 좋은 방법이 아니다. 오히려 창세기 6:1-4에 대한
이해가 선행되고, 그에 따라 신약의 본문들을 해석하는 것이 더
바람직하다. 다만 여기서 강조될 필요가 있는 것은 예수님께서
하늘의 천사들에 대하여 말씀하신 내용이다:

---

8   베드로후서 2:4에 언급된 천사들의 범죄는 구체적으로 무엇을 지시하는지 불분명
    하다. 베드로전서 3:19에 언급된 "옥에 있는 영들"($\tau o \hat{\iota} \varsigma$ $\dot{\epsilon} \nu$ $\phi \upsilon \lambda \alpha \varkappa \hat{\eta}$ $\pi \nu \epsilon \acute{\upsilon} \mu \alpha \sigma \iota \nu$)에
    대한 이해도 다양하다. 빈손과 바틀렛은 그들을 노아 시대의 타락한 천사들로 보
    는 반면, 퍼킨스는 그들을 노아 당시에 죽은 사람들을 가리키는 것으로 이해한다.
    또한 그린은 보다 폭넓게 그들이 노아 당시에 죽은 사람들을 포함한다고 생각한다.
    R. B. Vinson, *1 Peter*, Smyth & Helwys Bible Commentary, R. Scott Nash, ed.
    (Macon: Smyth & Helwys Publishing, 2010), 174f.; D. L. Bartlett, *The First
    Letter of Peter*, vol. 12 of the New Interpreter's Bible, L. E. Keck, ed. (Nashville:
    Abingdon Press, 1998), 293ff.; P. Perkins, *First and Second Peter, James, and
    Jude*, Interpretation (Louisville: John Knox Press, 1995), 65; J. B. Green,
    1 Peter, The Two Horizons New Testament Commentary (Grand Rapids:
    Eerdmans, 2007). 126ff. 대다수 신약학자들은 유다서 1:6에 언급된 천사들의 타
    락을 창세기 6:1-4과 연결한다. 그러나 유다는 타락한 천사들의 죄가 무엇인지 구
    체적으로 언급하지 않는다. 참고: G. L. Green, *Jude & 2 Peter*, Baker Exegetical
    Commentary on the New Testament (Michigan: Baker Publishing, 2008),
    68. 많은 학자들은 유다가 자신의 서신서를 기록할 때 천사들과 인간 여성과의 성
    적 관계를 이야기하는 에녹서를 참고하였을 것이라고 생각한다. 왜냐하면 유다서
    1:14f은 에녹서에도 나타나며, 이는 유다가 에녹서를 참조하였다는 강한 증거가 되
    기 때문이다. 그러나 카일에 따르면 현재의 에녹서는 오래된 요소와 새로운 요소
    가 결합된 형태로서 천사들의 결혼에 대한 이야기는 새로운 요소에 속하며, 오래
    된 요소에는 천사들이 사람의 딸들을 아내로 취하였다는 내용은 없고 다만 그들이
    사탄에게 속하여 사람들을 유혹하였다는 내용만 있을 뿐이다. 이는 유다가 서신서
    를 기록할 당시 천사들의 타락에 대한 다양한 전승이 있었음을 반증한다. 따라서
    유다가 천사들의 타락을 언급할 때 염두에 둔 것은 그들이 사탄과 결탁하여 사람
    들을 유혹한 일이었다는 추측이 가능하다. 유다가 천사들과 인간 여성의 성적관계
    를 인정하였다는 증거는 찾기 어렵다. C. F. Keil, *Genesis und Exodus*, Biblischer
    Commentar (Leipzig: Dörffling und Franke, 1878), 104-07.

사람이 죽은 자 가운데서 살아날 때에는

장가도 아니 가고 시집도 아니 가고

하늘에 있는 천사들과 같으니라.(막 12:25)

이 말씀은 천사들에게 성기능이 없다는 의미로 이해된다.[9] 따라서 신약의 다른 부분도 천사와 인간의 성적 결합이 불가능하다는 기본 전제하에 해석되어야 할 것으로 보인다. 신약의 저자들이 천사에 대하여 예수님과 다른 관점을 가졌다고 볼 수는 없기 때문이다.

셋의 자손과 가인의 자손

위에서 살펴본 것처럼 창세기 6:1-4의 여러 요소들이 "하나님의 아들들"을 천사들로 간주하는 신화적 해석을 거부한다. 편견 없이 이 본문을 읽으면 "하나님의 아들들"은 사람에게 하나님의 심판을 불러온 존재로서 그들 역시 사람이어야 한다는 것을 알

---

9   Cf. R. Pesch, *Das Markusevangelium. Zweiter Teil: Kapitel 8,27-16,20* (HTKNT; Freiburg: Herder, 1977), 233: "Daß man weder heiratet noch geheiratet wird, bedeutet die Aufhebung des Unterschieds von Mann und Frau (vgl. auch Gal 3, 27f; 5, 6; 6, 15) in einer neuen Schöpfung, auf die mit dem Vergleich mit den Engeln in den Himmeln hingewiesen ist."

수 있다. 실제로 "하나님의 아들들"을 사람으로 이해하는 훌륭한 해석들이 있다. 그 중에 가장 널리 알려진 해석이 "셋 자손" 이론이다. 이 해석에 의하면, "하나님의 아들들"은 하나님과 친밀한 관계가 있는 경건한 자손으로 창세기 5장에 소개된 셋의 계보에 속한다. 반면에 "사람의 딸들"은 하나님을 알지 못하는 불경건한 자손으로 창세기 4:16-24에 소개된 가인의 계보와 연결된다. 그러므로 창세기 6:1-4이 말하고자 하는 것은 셋 계열의 경건한 자손이 가인 계열의 불경한 자손과 섞이게 됨으로써 하나님의 진노를 사게 되었다는 내용이다. 또 다른 해석은 "하나님의 아들들"과 "사람의 딸들"을 각각 고대 세상의 인간 통치자들과 일반 사람들을 가리키는 것으로 이해한다. 이런 해석들은 모두 본문 문맥적, 역사적, 신학적으로 타당한 근거들을 가지고 있다.[10] 이는 창세기 6:1-4의 이야기가 성경에 남아 있는 신화의 잔재가 아니라 역사로 읽힐 수 있으며, 그렇게 읽혀야 한다는 것을 의미한다.

물론 "셋 자손" 이론이나 "통치자" 이론에 해석상의 난점이 없는 것은 아니다. 먼저 "셋 자손" 이론의 경우 "사람의 딸들"을 특별히 가인과 연결해야 할 타당한 근거가 없다는 점이 가장

10　이 해석들의 자세한 이해를 위해서는 다음 글들을 참조하라: H. Junker, "Zur Erklärung von Gen. 6, 1-4," *Biblica* 16 (1935): 205-12; M. G. Kline, "Divine Kingship and Genesis 6:1-4," *WTJ* 24 (1962): 187-204.

큰 어려움이다. 창세기 6:1에는 일반적 상황 묘사가 나타난다: "사람이 땅 위에 번성하기 시작할 때에 그들에게서 딸들이 나니." 여기서 "사람"(히브리어로는 "아담")이 특정 그룹에 제한된다고 보아야 할 이유가 없으며, 이들에게서 태어나는 딸 역시 마찬가지다. 이들을 창세기 5장의 "아담의 계보"에 나타나는 수많은 "딸들" – 한글성경에는 "자녀"라는 말에 포함됨 – 과 구분하는 것은 본문에 무리를 가하지 않는 한 불가능하다. 무엇보다도 중요한 것은 창세기 6:3의 진술이다: "여호와께서 이르시되 나의 영이 영원히 사람과 함께 하지 아니하리니 이는 그들이 육신이 됨이라." 여기에 나오는 "사람"은 분명히 "사람의 딸들"과 긴밀한 관계가 있다. 그런데 "사람"에게 하나님의 영이 함께 하지 않을 것이란 선고가 내려진다. 이는 이 선고가 내리기 전까지 하나님의 영이 "사람"과 함께 했으며, 이들이 "육신"이 되지도 않았다는 의미다.[11] 이들이 범죄한 결과 – 하나님의 아들들과 맺은 결혼 – "육신"이 되었다는 평가와 함께 하나님의 영이 박탈당하는 선고를 받는다. 만일 "사람"이 가인 계열을 지칭하는 말이라면, 이런 식의 설명은 명백한 모순이다. "셋 자손" 이론이 가정하듯이 가인 계열은 원래 육신에 속한 불경건한 자들이기 때문이다.

11　"육체"로 번역된 히브리어 단어 "바사르"(בָּשָׂר)는 인간이나 동물의 "육체적 실체"(die fleischliche Substanz)를 지칭한다. 창세기 6:3에서 이 단어는 여호와

"하나님의 아들들"을 고대 세계의 통치자로 보는 해석은 구약에 백성의 지도자들이 종종 "하나님"(출 21:6; 22:8, 9, 28) 또는 "하나님의 아들"(삼하 7:14; 시 2:7)로 불린다는 사실에 근거한다. 그러나 지배 계층("하나님의 아들들")이 피지배 계층("사람의 딸들")을 상대로 독재자 노릇을 하며 많은 후궁들을 거느렸다는 내용이 과연 창세기 1-11장의 문맥에 어울리는지 의문이다. 이 이론을 내세우는 사람은 가인이 아들의 이름으로 된 "성"을 건설하고 가인의 후예인 라멕이 여러 아내를 두었다는 사실에서 왕권의 출현과 그 문제점이 예고되는 것으로 이해한다. 그럼에도 불구하고 여전히 "지배자"와 "피지배자"를 나누는 이분법은 창세기의 보편사(창 1-11장)에 낯설다는 인상을 강하게 준다. 백성을 착취하는 지배자의 문제는 후에 선지자의 글에 가서야 비로소 중요한 문제로 부각된다. 또한 앞서 신화적 해석에서 제기되었던 문제가 여기서도 동일하게 제기된다. 본문이 통치자("하나님의 아들들")의 문제를 다룬다면, 왜 그들 대신 일반 "사람"에게 심판이 선고되는가? 왜 "육신"이 되었다는 평가와 수명의 제한이 일반 "사람"에게 돌려지는가?

의 "영"(רוח)과 대조를 이룸으로써 부정적인 뉘앙스를 얻는다. G. Gerleman, רבָשָׁ in E. Jenni/C. Westermann, Theologische Handwörterbuch zum Alten Testament. Bd. 1, 6. Aufl. (Darmstadt: Wissenschaftliche Buchgesellschaft, 2004), 376-79. 창세기 6:3에서 "바사르"는 하나님과의 관계에서 아들의 특성을 모두 상실한 인간 존재의 저급한 상태 – "순(純) 육체" – 를 가리키는 것 같다.

노아 홍수와 방주

하나님의 형상과 사람의 육체

이런 문제점들로 인해 "하나님의 아들들"을 사람으로 이해하면서도 이 칭호의 참된 의미를 밝혀 줄 새로운 해석이 필요하다. 주해의 원리에 가장 충실한 해석은 창세기 6:1-4과 그 인접 문맥에서 이끌어 낸 해석이라는 말에 모두가 동의할 것이다. 창세기 6:1-4의 인접 문맥에는 "하나님의 아들들"이 누구인지를 밝혀 주는 내용이 나타난다. 창세기 5:1-3을 읽어 보자:

> … 하나님이 사람을…하나님의 모양대로 지으시되 남자와 여자를 창조하셨고
> … 아담은 백삼십 세에 자기의 모양 곧 자기의 형상과 같은 아들을 낳아 …

위에서 보는 바와 같이, 하나님이 사람을 창조하신 일과 아담이 아들을 낳은 일이 대비된다. 하나님이 자신의 모양대로 사람을 창조하셨듯이, 아담은 자신의 모양대로 아들을 낳는다. 사람이 하나님으로부터 하나님의 모양을 받는 것처럼, 아담의 아들은 아담으로부터 아담의 모양을 물려받는다. 여기서 아버지와 아들의 관계가 밝혀진다. 아버지는 아들에게 자신의 모양을 물려 주며, 아들은 아버지로부터 아버지의 모양을 물려받는다. 이런 측

면에서 하나님은 사람의 아버지, 사람은 하나님의 아들이라고 말할 수 있다. 사람은 하나님으로부터 하나님의 모양과 형상을 받았기 때문이다(창 1:26-27 참조). 사실 아담이 자기 아들에게 전해준 "형상"도 하나님에게서 온 것이므로 하나님의 형상이라고 말할 수 있다. 결국 아담으로부터 모든 인류에게 전해지는 형상은 다름 아닌 하나님의 형상이다. 홍수 심판 후에 살인이 금지되는 이유도 인간에게 부여된 하나님의 형상 때문이다(창 9:6). 인간이 인간을 학대하지 않아야 하는 이유 역시 마찬가지다(약 3:8-10). 이런 측면에서 하나님의 형상을 지닌 모든 사람은 "하나님의 아들"이다. 사람은 그 존재 자체만으로도 존중되어야 할 존귀한 존재이다. 그들 모두에게 하나님의 형상이 있기 때문이다.

창세기 6:1-4는 이런 관점을 이어 간다. 이 본문은 인간이 하나님의 형상대로 창조된 존재라는 점을 염두에 두고, 그것을 강조하기 위해 "하나님의 아들"이란 표현을 사용한다. 그것은 인간의 기원과 인간의 존재 목적이 무엇인지를 상기시킬 목적으로 마련된 고도의 신학적 표현이다. 인간은 하나님의 형상을 지닌 자의 위치와 신분에 걸맞게 하나님의 뜻에 순종하며, 자신의 존재와 하는 모든 일을 통해 하나님의 거룩하고 선하신 성품을 드러내야 한다. 그들은 세상을 정복하고 다스리는 통치자의 권세를 가졌으나, 그 권세를 하나님을 대리하는 책임 있는 청지기로서 충성되게 사용하여야 한다. 그들은 창조 세계를 축복하신 하나님의 뜻에 따라 세상을 복되게 하여야 하며, 창조를 안식으로 완성하신 하나님의 뜻에 순종하여 안식이 세상을 지배하도록 해야 하며, 창조의 일곱째 날을 거룩하게 하신 하나님의 뜻을 받들어 세상이 거룩을 잃지 않도록 해야 한다. 그들은 이런 일들을 수행함에 있어서 하나님이 "돕는 배필"로 지어 주신 아내의 도움을 받아 아내와 함께 하나님이 맡겨 주신 소명을 이루어야 한다.

그러나 인간은 자기 본연의 소명에 충실하지 못했다. 하나님의 뜻에 순종하기보다 반역의 길을 걸었다. 인류의 조상 아담이 타락한 이후 인간은 자기에게 부여된 하나님의 형상을 발현하고 구현하는 길을 가지 않고, 뱀이 부추기는 육체의 욕망에 순응하는 길을 택했다. 그런 인간의 불행한 형편을 대변하는 사건이 창세기 6:1-4에 기록되어 있다. 하나님의 아들인 인간은 자신에게 부여된 하나님의 형상과 그에 따른 신적 소명을 저버리고, "너무나 인간적인" 세속화의 홍수에 함몰되었다. "사람의 딸들"의 아름다움에 주목하고 그들을 아내로 취하는 일이 그런 부패와 타락을 단적으로 예시한다. "사람"(히브리어로 "아담")은 땅의 흙을 뜻하는 "아다마"(אֲדָמָה)에서 온 말이다. 그러므로 "사람/아담의 딸"이란 인간이 "땅/아다마"의 흙으로 창조된 육체적 존재임을 상기시키는 표현이다. "사람의 딸"이 갖는 아름다움이란 땅의 흙에서 난 육체의 아름다움과 직결된다. 하나님의 아들들이 주목한 것이 바로 이것이다. 하와가 선악과에 주목하고 욕심이 발동하여 그것을 취해 먹었던 것처럼 하나님의 아들들은 "사람의 딸들"이라고 표현된 여인의 육체적 아름다움에 욕심이 발동하여 그들을 취해 아내로 삼았다. 이것은 단순한 사건이 아니다. 하와가 선악과를 먹은 일만큼이나 그것은 인간이 하나님의 뜻을 거부하고 육체의 욕망을 따른 반역 행위이다. 이런 이유로 창세기 저자는 하나님의 아들들이 한 일을 두고 "그들이 육신이 됨이라"(הוא בשׂר)고 평가했다.

결론적으로, 창세기 6:1-4은 홍수 이전의 세상을 특징짓는, 회복 불능의 타락 상태를 보여 준다. 그 당시 세상에서 일어나고 있었던 일은 창조주 하나님의 의도와는 정반대되는 일이었다. 그것은 하나님이 세상을 지으신 일을 한탄하시게 만들 정도로 심각한 일이었다(창 6:6). 이와 같이 창세기 6:1-4은 홍수 직전에 세상의 형편을 보여 주는 글이다. 그것은 역사적 사건에 기초하고 있으며, 역사적 사건이 가지는 신학적 의미를 함축적인 언어로 간결하게 기술한다. 이런 기록에서 역사를 제거하고 신화의 옷을 입히면 어떻게 되겠는가? 홍수 이전 세상의 형편을 알리고자 했던 기록자의 뜻과 그의 언어 사용에 깊숙이 관여하신 성령의 의도는 덮이고, 대신 해석자가 꾸며 낸 이야기들만 무성하게 될 것이다. 창세기 6:1-4은 홍수 사건 이전의 역사적 형편을 소개하는 역사 기록이다. 이를 프롤로그로 갖는 홍수 기사도 당연히 역사 기록이다.

2

노아 홍수와 메소포타미아의 신화

홍수에 관한 이야기

홍수에 관한 이야기는 전 세계에 퍼져 있다. 구약 이스라엘이 속했던 고대 근동도 예외가 아니다. 이집트, 메소포타미아, 이란, 그리고 더 나아가 유럽의 그리스 지역에까지 온 세상에 일어난 거대한 홍수 이야기가 전해지고 있다. 예를 들면, 고대 이집트의 장례 텍스트인 『사자의 서』(Book of the Dead)에는 아툼(Atum) 신이 자기가 만든 세상을 파괴하여 "태고의 물"(the Primordial Water)로 되돌려 놓으려고 하는 이야기가 나온다.[12] 또한 주전 2세기 알렉

---

12 https://www.mythoreligio.com/15-flood-myths-similar-to-the-story-of-noah-2/ (참조일: 2020년 8월 12일)

산드리아의 저술가 아폴로도루스(Apollodorus)는 그리스의 신 제우스가 내린 대홍수에서 살아남은 한 쌍의 부부, 듀칼리온(Deucalion)과 퓌르하(Pyrrha)의 이야기를 전해 준다.[13] 이처럼 고래로부터 전해지는 홍수 신화나 전설이 많다 보니 구약 성경 창세기에 기록된 노아 홍수 이야기도 같은 부류에 속하는 것으로 오해되는 것은 일반 사람들에게 어쩌면 당연한 일인지도 모른다.

메소포타미아의 홍수 신화

특히 메소포타미아의 홍수 신화는 노아 홍수의 이해와 관련하여 많은 토론을 불러일으켰으며, 이 토론의 열기는 그것이 처음으로 소개된 때(1850 A.D.)부터 현재까지 계속 사그라들지 않고 있다. 메소포타미아의 홍수 이야기는 크게 세 가지로 분류된다: 수메르 홍수 신화, 아트라하시스 서사시, 길가메쉬 서사시. 수메르 홍수 신화는 "에리두 제네시스"(Eridu Genesis)로 알려진 수메르 창조 신화에 나오는 내용으로서, 현존하는 사본(불완전한 형태)은 고대 바빌로니아(주전 1600년경)까지 거슬러 올라간다. 아트라하시스 서사시는 인간의 창조로부터 시작하여 홍수 심판에 이르기

---

13 https://www.livius.org/articles/misc/great-flood/flood4_t-apollodorus/ (참조일: 2020년 8월 12일)

까지의 이야기를 들려 주며, 현존하는 아카드어 사본은 주전 1635년에 만들어진 것이다. 마지막으로 길가메쉬 서사시는 고대 근동의 홍수 신화들 가운데 가장 널리 알려진 것으로서 이 신화의 주인공 길가메쉬가 불멸(immortality)을 찾아 여행하는 과정에서 듣게 되는 홍수 이야기를 전해 준다. 이 신화의 현존하는 사본은 창세기의 노아 홍수 기사보다 후대인 주전 750년 이후에 만들어졌다.[14] 위의 세 가지 홍수 이야기들은 거의 같은 내용을 담고 있으며,[15] 길가메쉬 서사시의 홍수 이야기는 대체로 아트라하시스 서사시에서 그대로 가져온 것으로 평가된다.

바벨과 비벨

놀라운 사실은 메소포타미아의 홍수 이야기들이 창세기의 그것과 여러 면에서 상당히 유사성을 보인다는 점이다. 인간이 신들의 진노를 사는 행위를 하고, 신들은 이를 벌하기 위해 홍수를 보

---

14 W. G. Lambert, "A New Look at the Babylonian Background of Genesis," *Journal of Theological Studies* 16 (1965): 292.

15 이 신화들의 차이점 가운데 하나는 홍수 이야기의 주인공 이름이 각각 다르다는 것이다: 수메르 홍수 신화에서는 "지우수드라"(Ziusudra), 아트라하시스 서사시에서는 "아트라하시스"(Atraḫasis), 길가메쉬 서사시에서는 "우트나피쉬팀"(Utnapishtim). 또 다른 차이점을 꼽자면, 길가메쉬 서사시에는 홍수 심판의 원인이 분명하게 언급되지 않는다.

낸다. 이 사실을 미리 알게 된 한 사람이 배를 만들고, 이 배에 가족들과 동물들과 새들을 태운다. 무엇보다 놀라운 일은 홍수가 끝날 즈음 주인공이 비둘기, 제비, 까마귀 등 새들을 날려보내 땅이 말랐는지 여부를 확인하는 것이다. 홍수가 끝난 후 주인공은 식구들과 동물들과 함께 배에서 내려 신들에게 제사를 드린다. 이는 우연이라고 보기에는 너무나 큰 유사점들이다. 그것은 메소포타미아의 홍수 이야기와 창세기의 홍수 기사 사이에 어떤 관련성을 생각하지 않을 수 없도록 만든다. 많은 사람들은 창세기의 홍수 기사가 사실은 바빌론의 홍수 신화에 뿌리를 둔 것이며 그것에 의존하였거나 영향을 받은 것이라고 확신한다. 이런 입장을 대변하는 인물 중 하나가 독일의 아시리아 학자 프리드리히 델리취(F. Delitzsch, 1850-1922)이다. 그는 1902년 1월 13일 독일 황제 빌헬름 2세(Kaiser Wilhelm II, 1859-1941)가 참석한 독일 동양학회(Deutsche Orientgesellschaft)에서 "바벨과 비벨"(Babel und Bibel)이란 제목으로 강연을 하는 가운데, 구약의 홍수 기사가 바빌론의 홍수 신화에서 온 것이라는 주장을 펼쳤다. 오늘날에는 상황이 더욱 심각하다. 미국에서 가장 복음주의적이라고 자부하는 한 구약학자가 한 세기 전 구약 성경을 "큰 사기"(Die große Täuschung)라고 불렀던 사람의 주장을 그대로 신봉하는 형편이다.[16]

노아 홍수와 방주

유사성과 차이점

과연 창세기의 홍수 기사는 메소포타미아 홍수 신화의 아류에
불과한가? 노아 홍수가 하나님이 역사 속에서 행하신 일이라고
믿는 기독교인들의 관점은 수정되어야 하는가? 창세기의 홍수
기사와 메소포타미아의 홍수 이야기 사이의 유사점은 무엇을 말
해 주는가? 이 도발적인 질문 앞에 성급한 대답을 내리기 이전에
먼저 유사성의 성격을 더 자세히 알아볼 필요가 있다. 이 분야의
전문가들은 대개 세 가지 가능성을 이야기한다: 메소포타미아의
홍수 이야기가 창세기의 홍수 기사에 영향을 주었을 가능성, 창
세기의 홍수 기사가 메소포타미아의 홍수 이야기에 영향을 주었
을 가능성, 메소포타미아의 홍수 이야기와 창세기의 홍수 기사
가 모두 제삼의 출처에서 나왔을 가능성. 이 세가지 가운데 첫째
가능성을 가장 선호한다. 고대 세계에서 메소포타미아가 문화적
으로 지배적인 위치에 있었다는 이유 때문이다. 하지만 메소포
타미아의 문화적 우위를 인정하더라도 홍수 이야기의 기원이나

---

16 "큰 사기"(Die große Täuschung)는 프리드리히 델리취가 1920/1921년에 출
간한 책의 이름이다. 이 책에서 델리취는 기독교 정경에서 구약을 제거해야 한
다고 주장한다. 위에서 언급한(델리취처럼 창세기의 내용이 바빌론의 신화에 영
향을 받은 것이라고 믿는) 미국의 복음주의 구약학자는 피터 엔스이다. P. Enns,
*The Evolution of Adam. What the Bible Does and Doesn't Say about Human
Origins* (Grand Rapids: Brazos Press, 2012). 이 글에 대한 비판적 평가는 김진수,
『아담은 역사적 인물이 아닌가』(수원: 합신대학원출판부, 2018)에서 볼 수 있다.

영향의 방향을 확인하는 것은 쉬운 일이 아니다.

고대 근동에서 홍수 이야기가 회자될 당시만 하더라도 경제적, 군사적 차원에서 국제 교류가 빈번했다. 중세 십자군 전쟁이 동양의 문물을 서방 세계에 소개하는 통로가 되었듯이 고대 사회의 군사 원정이 그런 역할을 했을 가능성은 매우 크다. 이 때 한 지역의 문화가 다른 지역에 알려지고, 그곳에서 다시 새로운 변형을 겪는 문화 융합이 일어났을 것이다. 따라서 메소포타미아 남부 수메르의 중요한 도시이자 아브라함의 출신지인 우르(Ur)에서 홍수 이야기가 다양한 변형을 거치는 가운데 메소포타미아 전역으로 퍼졌을 것이란 추측도 충분히 가능하다. 하지만 이것은 어디까지나 추측이다. 추측이란 말이 의미하듯이 영향의 방향을 확인하는 것은 결코 쉬운 일이 아니다. 그러므로 이 문제를 다룰 때 문화적 우세라는 잣대에 의존해서는 안 된다. 저명한 아시리아 학자이자 근동 고고학자인 람베르트(Wilfred G. Lambert)의 신중한 조언에 주목할 필요가 있다:

이와 같이 바빌론 문명은 상당히 복합적인 것이었다. 그러기에 모든 개념들이 메소포타미아에서 기원하여 서쪽으로 이동하였을 것이라고 가정하는 것은 더 이상 학문적으로 건실하지 않다. 이것은 범-바빌론주의이다. 그곳에서 창세기와의 유사점들을 발견할 수 있는 것은 사실이다. 하지만 그것들은 가나안 사람들, 고대 이집트인들, 후르리인들, 히타이트 사람들, 그리고 초기 그리스 사람들 사이에서도 발견된다. 유사점들이 발견될 경우 의존의 문제는 언제나 열린 마음으로 접근해야 한다.[17]

비교 연구가 빠지기 쉬운 오류 가운데 하나는 유사성에 집중한 나머지 차이점이나 독특성에 관심을 기울이지 못하는 것이다. 창세기의 홍수 기사는 메소포타미아의 홍수 이야기에 비해 독특한 면이 있다. 그것은 여호와 하나님 외에 다른 신들의 존재나 활동을 전혀 고려하지 않는다. 노아 홍수 기사 전반에 스며 있는 유일신 사상(monotheism)은 구약 성경이 대변하는 이스라엘 종교의 고유한 특징이기도 하다. 고대 근동의 문화적 배경에서 여러 신들의 존재를 인정하고 그들을 숭배하는 것은 지극히 자연스럽고 당연한 일이었다. 하지만 구약은 그것을 철저하게 금지하고 배격한다. 이것은 무엇을 말해 주는가? 그것은 적어도 종교적인 문제에 있어서 문화적 우세는 큰 의미를 갖지 못한다는 것을 의미한다. 구약 성경의 관점은 주변 세계의 문화나 종교에 대해 배타적인 측면이 매우 강하다. 그러므로 메소포타미아의 문화가 우세하였다고 해서 창세기의 기록자가 그곳의 신화적 이야기에 의

---

17 Lambert, "A New Look at the Babylonian Background of Genesis," 289.

존하였을 것이라고 생각하는 것은 맹목적인 "범-바빌론주의"(Pan-Babylonismus)에 지나지 않는다. 그것은 폰라드(G. von Rad)가 "독특한 현상"(ein Unikum)이라고 불렀던 구약 성경의 특수성을 충분히 고려하지 못한 편견이다.[18] 그러므로 창세기의 홍수 기사를 그 고유한 특성에 따라 바르게 이해하고 평가하기 위해서는 다른 홍수 이야기와의 유사성에 매몰되어서는 안 된다. 오히려 그것의 특수한 면과 차이점에 주목해야 한다.

홍수 심판의 원인

먼저 언급되어야 할 사항은 홍수 심판의 원인이다. 길가메쉬 서사시에는 홍수 심판의 원인이 분명하게 제시되지 않는다. 하지만 이 홍수 이야기의 출처인 아트라하시스 서사시와 또한 에리두 제네시스에는 홍수 심판의 원인이 소개된다. 흥미롭게도 여기에 소개된 홍수 심판의 원인은 인간의 "소음"이다. 수메르의 최고 신 엔릴(Enlil)이 인간들이 만들어 내는 큰 "소음"으로 인해 잠을 이루지 못하게 되자 전염병과 가뭄을 차례로 보낸다. 이 시

---

18 G. von Rad, *Theologie des Alten Testaments Band 1: Die Thologie des geschichtlichen Überlieferung Israels* (München: Kaiser Taschenbücher, 1992), 221.

노아 홍수와 방주

도들이 실패로 끝나자 엔릴은 마침내 홍수를 보내 인간들을 모두 멸망시키고자 결심한다. 다음은 신화에 나오는 이야기의 일부이다:

> 1200년이 지나기 전에,
> 거주지는 확장되었고, 사람들은 번성했으며,
> 땅은 들소와 같이 울부짖었다.
> 신은 그들의 떠들썩한 소리에 괴로워졌고,
> 엔릴은 그들의 소음을 들었다.
> 그가 큰 신들에게 말하였다.
> "인간의 소음이 극심해졌고,
> 그들의 떠들썩한 소리로 내가 잠을 잃었다…"[19]

변덕스러운 신과 의로우신 하나님

여기서 인간이 만들어 내는 "소음"이 무엇일까? 말그대로 시끄러운 소리일까? 아니면 세상을 어지럽히는 인간의 잘못된 행위에 대한 은유적 표현일까? 메소포타미아 신화에 나타나는 신들

---

19 A. R. Millard, "A New Babylonian 'Genesis' Story," *Tyndale Bulletin* 18 (1967): 11.

의 변덕스럽고 심술궂으며 저급한 모습을 고려할 때, 전자일 가능성이 크다. 이경우 엔릴은 정당한 이유도 없이 단지 소란스럽다는 이유만으로 세상에 홍수를 보냈다는 말이 된다. 물론 홍수가 끝난 다음 지혜의 신 에아(Ea)가 엔릴을 나무라며 하는 말 – "어찌 그리 생각 없이 이 큰 홍수를 일으켰단 말이오? 죄인에게 그의 죄를 두고, 범법자에게 그의 범법 행위를 두시오!" – 은 홍수가 인간의 범죄 행위와 관련되었을 수도 있겠다는 생각을 불러일으킨다. 하지만 에아의 말에는 분명히 홍수 심판이 부당하다는 비난이 들어 있다. 무고한 많은 사람들이 엔릴의 경솔한 결정으로 인해 억울하게 생명을 잃었다는 것이다. 하이델(A. Heidel)은 "엔릴의 계획에 어떤 지혜가 있었는지 알 수는 없지만, 거기서 정의를 찾기는 어렵다"고 말한다.[20]

이에 반해 창세기의 홍수 기사에는 의의 개념이 두드러진다. 홍수는 변덕스러운 신이 정당한 이유도 없이 제멋대로 보내는 대재앙이 아니다. 그것은 의로우신 하나님이 불의한 세상에 내리는 심판이다. 창세기의 홍수 기사는 당시의 세상이 철저히 부패한 상태였음을 매우 강조한다:

---

20 A. Heidel, *The Gilgamesh Epic and Old Testament Parallels* (Chicago: University of Chicago Press, 1949), 227.

그 때에 온 땅이 하나님 앞에 부패하여

포악함이 땅에 가득한지라

하나님이 보신즉 땅이 부패하였으니

이는 땅에서 모든 혈육 있는 자의 행위가 부패함이었더라

하나님이 노아에게 이르시되

모든 혈육 있는 자의 포악함이 땅에 가득하므로

그 끝 날이 내 앞에 이르렀으니

내가 그들을 땅과 함께 멸하리라. (창 6:11-13)

부패는 땅의 어느 한 곳에 제한된 국지적 현상이 아니었다. 그것은 "온 땅"을 특징짓는 보편 현상이었다. "온 땅"과 "모든 혈육 있는 자"와 같은 포괄적 표현들이 이 사실을 강조한다. 부패는 "하마스"(חָמָס) 곧 폭력("포악함")을 동반하였으며, 이는 당시의 타락상이 얼마나 파괴적 양상을 보였는지를 잘 드러낸다. 부패는 정신적 차원에 머물지 않고 행위로 표출되었다. 인간 내면을 가득 채운 부패는 포악한 행위를 통해 밖으로 터져 나와 마침내 온 땅을 뒤덮었다. 모든 육체의 부패는 모든 육체의 폭력으로 꽃을 피우고 열매를 맺었다. 이것이 홍수를 촉발한 세상의 모습이었다.

여기서 "하나님 앞에서 부패하여"나 "하나님이 보신즉 땅이 부패하였으니"와 같은 표현에 주목할 필요가 있다. 이는 세상

이 하나님 앞에 있고 하나님이 세상을 보신다는 중요한 사실을 가르침과 동시에 창조 기사의 한 부분을 생각나게 한다: "하나님이 지으신 그 모든 것을 보시니 보시기에 심히 좋았더라"(창 1:31). 이 말씀에 비추어 볼 때 홍수 직전의 세상은 창조 직후의 모습과 정반대가 되었음을 알 수 있다. 창조 직후에 좋았던 세상이 홍수 직전에는 모두 다 파괴되고 말았다. "부패하다"로 번역된 히브리어 — "샤핫"(שָׁחַת)의 수동형 — 는 "파괴되다"는 의미도 갖는다. 파괴된 세상은 더 이상 존재할 의미를 갖지 못한다. 자신이 창조한, 보기에 좋았던 세상이 완전히 파괴되었을 때 하나님의 마음은 어떠했을까? 창세기 6:5-6은 하나님의 마음을 보여 주는 창이다:

> 여호와께서 사람의 죄악이 세상에 가득함과 그의 마음
> 으로 생각하는 모든 계획이 항상 악할 뿐임을 보시고 땅
> 위에 사람 지으셨음을 한탄하사 마음에 근심하시고.

하나님이 보실 때 사람이 "마음으로 생각하는 모든 계획"이 "항상" 악하였다. 인간은 원래 하나님의 형상대로 지어진 존재로서 하나님의 선하심을 반영하도록 되어 있었다. 하지만 인간은 이제 악을 양산해 내는 악의 도구가 되었다. "마음으로 생각하는 모든 계획"에서 "계획"에 해당하는 히브리어 단어 "예째

르"(יֵצֶר)는 무언가를 추구하는 성향이나 본능을 의미한다.[21] 이
는 홍수 직전 인간의 상태가 어떠했는지를 단적으로 보여 준다.
당시 인간의 문제는 교육이나 기타 다른 방법으로는 도무지 교
정되거나 치유될 수 없는, 마음의 근본적인 성향 또는 본능과 관
련된 문제였다. 생명이 저절로 생존을 추구하듯 인간이 그렇게
악을 추구했다. 그 정도가 너무도 극심하여 하나님의 마음을 괴
롭게 하고 심지어, 아! 하나님이 인간을 지으신 일 자체를 후회하
시도록 만들었다. 세상은 그저 하나님의 계획에서 벗어난 정도
가 아니라 하나님의 계획이 파괴되었음을 보여 주는 처참한 전
시장이 되고 말았다. 이제 남은 일은 하나님이 악에서 눈을 돌리
고 세상의 악을 그대로 방치하든지, 아니면 파괴된 세상을 원래
의 좋았던 상태로 되돌리는 일이다. 홍수 심판은 후자를 위한 특
단의 조치였다는 것이 창세기의 홍수 기사가 가르치는 바이다.

홍수의 물이 온 세상을 뒤덮은 다음, 시간이 지나면서 물이
빠지고 마른 땅이 드러나며, 땅 위로 노아와 그의 가족들을 비롯
한 동물들이 등장하며, 마침내 "생육하고 번성하여 땅에 충만하
라"(창 9:1)는 축복이 울려 퍼지는 것은 창세기 1장의 창조기사를
그대로 재현한다는 인상을 강하게 준다.

---

21   L. Koehler und W. Baumgartner (Hrsg.), *Hebräisches und Aramäisches
    Lexikon zum Alten Testament*, dritte Aufl. (Leiden: Brill, 2004), 410.

이처럼 창세기가 그려 보여 주는 홍수 사건은 단지 파괴를 위한 것이 아니라 새로운 건설을 위한 것이다. 그것은 맹목적인 파괴처럼 보이는 바빌론 신화 속의 홍수와는 거리가 멀다. 여기서 특별히 주목해야 할 내용은 창세기의 저자가 홍수 심판을 내리시는 하나님의 행위를 묘사하는 방식이다: "하나님이 노아에게 이르시되 모든 혈육 있는 자의 포악함이 땅에 가득하므로 그 끝 날이 내 앞에 이르렀으니 내가 그들을 땅과 함께 멸하리라"(창 6:13). 이 말씀에서 "멸하리라"에 해당하는 히브리어 단어 ─ "샤핫"(שָׁחַת)의 사역형 ─ 는 홍수 직전 세상의 형편을 설명하는 단어 "부패하다" ─ "샤핫"(שָׁחַת)의 수동형 ─ 와 어근이 동일하다. 이것은 무엇을 의미하는가? 저자는 대체 어떤 의도를 가지고 이런 표현법을 구사하는 것일까? 홍수 기사의 전반적인 의도에 비춰 볼 때, 그것은 세상이 완전히 파괴되었기에 파괴된 세상을 파괴함으로써 새로운 세상을 건설한다는 의미를 갖는 것이 분명하다. 후에 예레미야 선지자에게서 이와 유사한 내용을 발견한다. 예레미야는 죄악으로 타락한 예루살렘의 멸망을 예언했다. 그러나 예루살렘의 멸망은 단순한 파괴가 아니었다. 그것은 새로운 건설을 위한 특단의 조치였다. 이것이 예레미야의 소명 기사로 알려진 다음 구절에 잘 나타난다: "보라 내가 오늘 너를 여러 나라와 여러 왕국 위에 세워 네가 그것들을 뽑고 파괴하며 파멸하고 넘어뜨리며 건설하고 심게 하였느니라 하시니라"(렘 1:10).

노동을 위한 인간과 안식을 위한 인간

이상에서 살펴본 내용은 메소포타미아의 홍수 신화에 비해 창세기의 홍수 기사는 의의 개념이 두드러진다는 것을 확인해 준다. 하지만 이 결론에 동의하지 않을 사람도 있다. 이탈리아의 고대 근동 고문서학자 지오반니 페티나토(G. Pettinato, 1934-2011)가 대표적 인물이다. 페티나토는 아트라하시스 서사시의 홍수 이야기에서 홍수의 원인으로 언급된 인간의 "소음"을 설명하는 긴 논문에서 다음 결론을 도출해 낸다: "바빌론의 전승에 따르면, 인간은 특정한 죄로 인해 벌을 받았다. 그것은 인류 창조의 목적 자체에 항거함으로써 직접적으로 신들의 심기를 건드린 죄였다."[22] 페티나토가 이런 결론에 도달한 배경에는 아트라하시스 서사시에서 인간이 창조된 목적과 인간이 만들어 내는 소음 사이에 직접적인 관련이 있다는 생각이 자리하고 있다. 아트라하시스 서사시에서 인간이 창조된 목적은 신들의 일을 대신하는 것이었다. 인간이 창조되기 전에는 "이기기"(Igigi)라고 불리는 하위 계

---

22 G. Pettinato, "Die Bestrafung des Menschengeschlechts durch die Sintflut: Die erste Tafel des Atramḫasīs-Epos eröffnet eine neue Einsicht in die Motivation dieser Strafe," *Orientalia* 37 (1968): 200: "Der Mensch wurde nach der babylonischen Überlieferung für eine bestimmte Sünde bestraft, für eine Verfehlung, die sich gegen den Zweck der Schöpfung der Menschheit selbst richtete und deshalb die Götter direkt anging."

급의 신들이 "아눈나키"(Anunnaki)라고 불리는 상위 계급의 신들을 위하여 강제 노역을 해야 했다. 밤낮으로 강제 노역에 시달린 "이기기" 신들이 불만을 품고 반란을 일으키자 궁지에 몰린 엔닐(Enlil)은 신들의 회의를 소집하기에 이른다. 여기서 대책으로 마련된 안이 바로 인간을 창조하여 "이기기"가 감당했던 강제 노역을 대신하도록 하는 것이었다.

이렇게 창조된 인간은 시간이 흐르면서 점점 번성한다. 물론 인간은 이기기 신들이 맡았던 강제 노동을 해야 했다. 그러던 중 앞에서 언급한 "소음" 문제가 대두되었다. 인간이 만들어 낸 "소음"이 얼마나 컸던지 엔닐이 잠을 잘 수 없는 지경이 되었다. 페티나토에 따르면, 이는 강제 노동에 시달리던 이기기 신들이 엔닐에게 반란을 일으켰던 상황과 유사하다. 엔닐은 이기기 신들의 반란으로 인해 곤욕을 치른 적이 있다. 그랬기에 엔닐은 인간의 소음에 대해서도 예민하게 반응할 수밖에 없었다. 인간의 소음은 사실상 강제 노동에 대한 불만의 표현이며 반역의 소리였다. 엔닐의 입장에서 이것은 용인할 수 없는 일이었다. 그것은 신들이 인간에게 정해 준 질서에 순응하지 않는 일이었다. 엔닐은 전염병과 가뭄 등 여러 수단을 통해 인간의 반역을 막으려고 하였다. 하지만 그런 노력들이 모두 수포로 돌아갔고 엔닐에게는 인간을 완전히 멸하는 것 외에 다른 길이 없었다. 따라서 홍수를 보내기로 한 그의 결정은 정당한 것이었다.

이 설명이 아트라하시스 서사시의 홍수 이야기에 부합된다고 할지라도 여전히 그것과 창세기의 홍수 기사 사이에는 큰 간극이 존재한다. 창세기의 홍수 기사에서 홍수의 원인으로 강조되는 인간의 문제는 과도한 노동과 그에 따른 불만이 아니다. 앞에서 보았듯이, 창세기의 홍수 기사가 강조하는 것은 인간의 도덕적, 영적 부패이다. 인간은 하나님이 보시기에 좋았던 원래의 모습을 잃어버리고 본능적으로 악을 추구할 정도로 부패하였다. 하나님의 선하심을 반영하도록 부여된 하나님의 형상이 완전히 파괴되었으며, 이에 대한 해결책이 홍수 심판이었다. 또한 아트라하시스 서사시의 내용을 제아무리 미화시켜도, 그것이 대변하는 인간관은 창세기의 그것과 비교할 수 없을 정도로 부정적이며 비관적이다. 그곳에 그려진 인간이란 기껏해야 신들이 지워준 노동의 수고를 감수해야만 하는 가련한 존재일 뿐이다. 신들조차도 감당하기 어려웠던, 그 힘든 노동의 수고를 말이다. 이 가련한 인간에게 신이란 가혹하고 잔인한 폭군에 불과하다.

하지만 창세기가 보여 주는 인간 이해와 하나님 이해는 어떤가? 우선 홍수의 주인공 노아에게 주목할 필요가 있다. 창세기 6:9은 노아에 대하여 이렇게 평가한다: "… 노아는 의인이요 당대에 완전한 자라 그는 하나님과 동행하였으며". 여기서 보듯, 노아가 높이 평가받는 이유는 노동의 수고 때문이 아니라 영적, 도덕적 성품 때문이다. 흥미로운 것은 이 구절의 구문 구조이다.

원문에는 두 개의 문장이 접속사 없이 대구를 이루는 형식으로
나란히 배열된다.

נֹחַ אִישׁ צַדִּיק תָּמִים הָיָה בְּדֹרֹתָיו

노아는 당대에 완전하고 의로운 사람이었다

אֶת־הָאֱלֹהִים הִתְהַלֶּךְ־נֹחַ

하나님과 함께 동행하였다 노아가

앞 문장에서 "노아"가 첫 자리에 오고, 뒷 문장에는 끝자리에 온
다. 이런 구문 구조는 두 문장이 서로 교차대칭을 이루도록 구성
되었음을 나타낸다. 따라서 첫 문장의 "완전하고 의로운 사람"
은 뒷 문장의 "하나님과 동행하였다"와 연결된다. 이는 노아의
영적, 도덕적 성품이 하나님과 연결되어 있다는 것을 의미한다.
노아가 완전하고 의로운 사람일 수 있었던 것은 그가 하나님과
동행하였기 때문이다. 그의 의로움과 완전함은 하나님의 의로우
심과 완전하심을 반영한다. 노아의 영적, 도덕적 자질의 출처는
궁극적으로 하나님의 의로우시고 완전하신 성품이다. 두 문장
사이에 접속사가 빠진 구문 구성도 이 해석을 지지한다. 접속사
가 없는 구문에서 많은 경우 뒷 문장은 앞 문장의 의미를 더 자세
히 부연하는 역할을 한다.[23] 결국 노아의 훌륭함은 수고롭고 힘

든 일을 했다는 데 있지 않고 하나님과 함께 했다는 것에 있다. 이것은 인간을 신들이 부과해 준 무거운 노역에서 신음해야 하는 존재로 그리는 바빌론의 신화와는 너무도 다르다. 바빌론의 신화에서 인간이 신들의 노예라면, 창세기에서 인간은 하나님과 함께하는 고귀한 존재이다.

이와 더불어 노아의 이름에 대해서도 생각해야 할 내용이 있다. "노아/노아흐"(נֹחַ)는 "안식하다"의 의미를 갖는 히브리어 단어 "누아흐"(נוּחַ)에서 파생된 이름이다.[24] 따라서 노아는 근본적으로 "노동"이 아닌 "안식"(rest)과 관련된 인물이다. 창세기 5:28-29의 말씀도 이것을 암시한다: "라멕은 백팔십이 세에 아들을 낳고 이름을 노아라 하여 이르되 여호와께서 땅을 저주하시므로 수고롭게 일하는 우리를 이 아들이 안위하리라 하였더라." 이 말씀은 노아의 존재 의미를 밝혀 준다. 그는 노동의 수고로부터 인류를 위로할 인물이다. 이 수고는 인간에게 고유한 것이 아니다. 그것은 "여호와께서 땅을 저주하시므로" 생겨난 부산물이다. 인간이 뱀의 유혹에 이끌려 범죄하자 하나님은 땅을 저주하심으로써 인간을 벌하셨다(창 3:17). 그 때 이후로 인간은

---

23   M. H. Patton, F. C. Putnam, *Basics of Hebrew Discourse. A Guide to Working with Hebrew Prose and Poetry*, edited by M. V. Van Pelt (Grand Rapids: Zondervan Academic, 2019), 95.

24   J. Scharbert, *Genesis 1-11*, 6. Aufl. (Die Neue Echter Bibel; Würzburg: Echter Verlag, 2005), 78.

땀 흘려 수고해야만 살 수 있게 되었다(창 3:19). 이처럼 인간의 수고는 범죄의 결과이지 처음부터 정해진 숙명이 아니다. 이 수고는 인간에게 불변의 상수가 아니라 언젠가 종식될 변수이다. 여인의 후손이 나타나 뱀의 머리를 상하게 할 때가 그때이다(창 3:15). 노아는 이 후손의 계보에 등장하는 인물로서 "수고롭게 일하는" 인간에게 안위를 가져올 후손의 반열에 속한다.

여기서 다시 노아의 이름이 "누아흐"(נוּחַ)와 관련된다는 사실을 상기할 필요가 있다. "누아흐"는 출애굽기 20:11에서 하나님이 육일 간의 창조를 마치신 다음 일곱째 날에 안식하신 것을 가리키는 말로 사용된다. 이는 안식과 관련된 이름 "노아"가 결국 창조의 일곱째 날을 특징짓는 하나님의 안식과 관련된다는 추론을 가능케 한다. 창세기 2:1-3에서 창조의 일곱째 날은 하나님이 안식하신 날로서 육일 동안 진행된 창조를 완성으로 이끈 날로 설명된다. 창세기 1-2장의 관점에서 일곱째 날의 안식이 없다면 육일 간의 창조는 미완성이다. 육일 간의 창조는 일곱째 날의 안식에서 완성된다. 그러므로 일곱째 날은 하나님을 위한 안식의 날임과 동시에 피조물을 위한 날이기도 하다. 모든 피조물이 일곱째 날 하나님의 안식에 참여함으로써 창조의 일이 완성에 도달한다는 것이 창세기의 창조 기사가 주는 가르침이다.[25]

25 　참조: 김진수, 『창조의 목적과 하나님의 나라』(수원: 영음사, 2018), 39.

이는 곧 안식이 하나님께서 인간에게 원래 의도하신 일이며, 인간에게 주어진 고유한 축복인 것을 의미한다. 창세기의 홍수 기사는 이런 신학적 관심을 함께 호흡하고 있다. 그것은 인간을 신들이 지워준 강제 노역의 수고에서 신음하도록 운명 지어진 존재로 그리는 바빌론의 홍수 이야기와는 전혀 다른 세계를 호흡한다.

인구 억제와 번성의 축복

메소포타미아의 홍수 신화에서 홍수의 원인으로 제시되는 "소음"에 대하여 생각해야 할 것이 하나 더 있다. 이 "소음"을 도덕적 차원(불의)이나 종교적 차원(신에 대한 반역)에서 이해하는 시도들은 앞에서 보았던 바이다. 그것들과는 달리 이 "소음"을 인구 증가(overpopulation)의 문제와 관련 짓는 학자들도 있다. 버컬리 대학의 킬머(A. D. Kilmer) 교수는 아트라하시스 서사시에서 엔닐이 인간의 문제를 해결하기 위해 취한 조치들(기근, 가뭄, 토양의 염류화, 가려움, 기아)을 근거해, 문제의 "소음"이 인구 증가에 따른 현상이라고 주장한다.[26] 특히 킬머가 주목하는 부분은 아트라하

---

26 A. D. Kilmer, "The Mesopotamian Concept of Overpopulation and Its Solution as Reflected in the Mythology," *Orientalia* 41 (1972): 166, 168.

시스 서사시의 끝부분이다. 이곳에는 홍수 후에 신들이 세상을 새롭게 편성하면서 인구 억제를 위한 방책으로 보이는 일을 하는 것으로 묘사된다. 아이를 낳을 수 없는 여자의 창조, 결혼을 하지 않는 여사제들의 창조, 새로 태어난 아이를 죽게 하는 존재(Pāšittu-demon)의 창조가 그것이다.[27] 키카와다(I. M. Kikawada)와 퀸(A Quinn)은 그리스 신화와 조로아스트교의 홍수 이야기가 모두 인구 증가 문제에 관심을 기울인다는 점을 예로 들며, 아트라하시스의 홍수 이야기에서도 홍수의 목적이 인구를 감소시키기위한 것이라고 주장한다. 그리스, 이란, 메소포타미아의 고대 국가들이 모두 도시의 과밀 거주(overcrowding)에 대한 대책으로 인구 억제에 관심을 가졌다는 것이다.[28]

이 해석이 어쩌면 메소포타미아의 홍수 이야기 배후에 있는 고대인들의 관심을 포착한 것일지도 모른다. 그럴지라도 그것과 창세기의 홍수 기사 사이에 큰 차이가 있다는 것은 부인할수 없다. 아트라하시스 서사시의 관심이 인구 억제라면 창세기의 관심은 그것과 정반대이다.

생육하고 번성하여 땅에 충만하라. (창 9:1)

---

27 Kilmer, "The Mesopotamian Concept," 171; Millard, "New Babylonian 'Genesis' Story," 14.

28 Kikawada and Quinn, *Before Abraham Was*, 36-53.

노아 홍수와 방주

이것이 홍수가 끝난 다음 하나님이 노아에게 주신 말씀이다. 메소포타미아의 신들과 달리 창세기의 하나님은 인류가 번성하기를 원하실 뿐만 아니라 그것을 적극적으로 명령하신다. 이런 이유로 킬머는 창세기의 홍수 기사가 메소포타미아 식 사고에 대한 "의도적 대응"(a conscious reaction)일 가능성을 말한다.[29] 키카와다와 퀸도 같은 견해를 공유한다.[30] 하지만 "의도적 대응"이라고 보기에 창세기의 홍수 기사는 글의 성격이 너무나 논쟁적이지 않다. 그것은 논쟁적 의도를 가졌다기보다 자연스럽게 하나님이 어떤 분인지를 계시한다. 하나님은 온 우주를 창조하시고 유지하시는 전능자시며 온 세상을 보살피시기에 부족함이 없는 충만한 분이시다. 우주를 가득 채우고도 남는 이 충만하고 전능한 하나님은 누구신가? 그분은 자신들의 수고를 덜어 줄 노동력이 필요했던 무능력한 신들, 인구의 증가가 부담스럽다고 생각할 수밖에 없는 메소포타미아의 저 빈곤한 신들과는 애당초 비교의 대상이 되지 않는다. 양자 사이의 차이가 너무도 크기에 독자들은 그저 강한 대조를 느낄 뿐이며, 그것이 어떤 사람들에게는 마치 의도된 수사인 것처럼 인식되는 것 같다.

---

29 Kilmer, "The Mesopotamian Concept," 174.

30 Kikawada and Quinn, *Before Abraham Was*, 52: "Perhaps Genesis 1-11 is written in opposition to the Mesopotamian Atrahasis traditions."

비현실성과 현실성

지금까지 홍수의 원인과 관련하여 메소포타미아의 홍수 이야기와 창세기의 홍수 기사 사이의 차이점을 살펴보았다. 하지만 차이점은 여기에 국한되지 않는다. 메소포타미아의 홍수 이야기에서 주인공이 만든 배의 형태는 길이, 넓이, 높이가 각각 120 규빗(약 54 미터)의 정육면체로 항해에 적합하지 않다는 점에서 현실성이 없다. 이에 반해 노아가 만든 배는 길이 300 규빗(약 135 미터), 넓이 50 규빗(약 22.5 미터), 높이 30 규빗(약 13.5 미터)의 직육면체로 실질적인 선박의 형태(화물을 실어 나르는 대형 바지선)를 하고 있어 현실성이 두드러진다. 또한 메소포타미아의 홍수 이야기에는 주인공이 가족, 친척들과 선원들까지 배에 태우고, 더 나아가 소유물(은과 금)과 "살아 있는 모든 생명체의 씨"(the seed of all living creatures)를 배에 싣는다.[31] 여기에는 스스로의 힘과 노력으로 생존을 꾀하는 인간의 모습이 두드러진다. 반면, 노아는 가족들만 배에 태우고 동물들과 먹을 양식 외에는 아무 다른 것도 배에 싣지 않는다. 노아에게 두드러지는 것은 하나님의 명령에 철저히 순종하고, 모든 것을 하나님께 의존하는 신앙의 자세다. 메소포타미아에서 두드러지는 것이 인본주의라면 성경에서 두

---

31 Heidel, *The Gilgamesh Epic and Old Testament Parallels*, 84.

드러지는 것은 신본주의다.

　홍수의 기간에 있어서도 메소포타미아의 이야기와 성경은 큰 차이를 보인다. 전자에는 육일 간 밤낮으로 비가 내리다가 칠일에 홍수가 진정되는 것으로 묘사된다.[32] 이 기간 동안 하늘에 먹구름이 덮이고 천둥이 일어나며 폭풍을 동반하는 폭우가 쏟아진다. 반면 창세기에는 이렇게 기록된다: "큰 깊음의 샘들이 터지며 하늘의 창문들이 열려 사십 주야를 비가 땅에 쏟아졌더라"(창 7:11-12). 여기서 볼 수 있듯이 땅을 뒤덮는 큰 홍수의 출처가 둘이다. 하나는 하늘에서 쏟아지는 물이며, 다른 하나는 땅 속에서 터져 나오는 물이다. 하늘에서 쏟아지는 물은 엄청난 기상 변화를 지시하며, 땅에서 터져 나오는 물은 지구물리적 격변을 암시한다. 이렇게 해서 시작된 홍수는 150일 간 온 땅을 뒤덮고 있었다(창 7:24). 이것은 창세기의 홍수 기사가 바빌론의 홍수 신화에 비해 "기상학, 지구물리학, 시기"에 있어서 훨씬 현실성이 크다는 것을 말해 준다.[33]

32　Heidel, *The Gilgamesh Epic and Old Testament Parallels*, 85.

33　Millard, "A New Babylonian 'Genesis' Story," 18: "If judgment is to be passed as to the priority of one tradition over the other, Genesis inevitably wins for its probability in terms of meteorology, geophysics, and timing alone."

족보 안에 있는 창세기의 홍수 기사

여기에 더하여 창세기의 홍수 기사가 아담의 족보 안에 들어와 있다는 사실이 매우 중요하다. 아담의 족보는 창세기 5장에 소개되며, 이 족보 끝에 노아가 등장한다. 그런데 족보에 등장하는 인물들의 내력은 모두 일정한 형식에 맞추어 기록된다: "A는 ○○/○○○세에 B를 낳고 ○○○년을 지내며 자녀를 낳았으며 ○○○세를 살고 죽었더라." 하지만 창세기 5장에는 노아의 출생과 자녀에 대한 언급만 있을 뿐 그의 죽음에 대한 기록은 없다. 창세기 5장은 "노아는 오백 세 된 후에 셈과 함과 야벳을 낳았더라"는 진술과 함께 끝난다. 노아의 죽음이 언급되는 곳은 창세기 9:28-29이다. 이렇게 해서 만들어진 공간(창 6:1-9:27)에 홍수 기사가 기록된다. 홍수 기사는 노아의 출생과 죽음 사이에 놓임으로써 인간 역사의 한 가운데 자리를 잡는다.

- 노아의 출생 (창 5:28-29)
- 홍수 기사 (창 6:9-9:17)
- 노아의 죽음 (창 9:28-29)

홍수 기사가 한 인물의 출생과 죽음을 기록하는 족보에 들어온 것은 홍수 사건의 역사성을 강조하려는 저자의 의도를 나타내는 것이 분명하다. 창세기 기록자에게는 홍수가 한 사람의 삶 가운데 실제로 일어난 역사적 사건이라는 인식이 확고하였다. 홍수 이야기를 전하면서 그것을 철저히 역사(족보)의 틀 속에 넣고자 했던 노력이 그것을 잘 말해준다. 창세기의 홍수 기사에 두드러지는 역사적 특성은 여러 면에서 비현실적인 신들의 이야기를 들려주는 메소포타미아의 신화에서는 찾아보기 힘든 요소이다. 우리는 창세기의 홍수 기사를 특징짓는 역사적 관심을 매우 중요하게 받아들여야 한다. 성경이 중요시하는 바를 소홀히 여기거나 무시하면서도 성경을 하나님의 말씀으로 믿는다고 말할 수는 없다. 하나님의 말씀은 우리에게 믿음을 요구하며, 믿음은 하나님의 말씀이 가르치는 바를 그대로 받아들이도록 이끈다.

3

창세기의 홍수 기사와 문서설

벨하우젠과 문서설

창세기의 홍수 기사를 역사로 받아들이지 못하도록 만드는 중요
한 원인 가운데 하나가 문서설(documentary hypothesis)이다. 고전
적 문서설은 계몽주의 이후부터 발달되어 온 역사비평적 성경 연
구의 결과로서 19세기에 독일의 구약학자 벨하우젠(J. Wellhausen)
이 집대성한, 오경의 형성에 관한 학설이다. 이 학설에 따르면 오
경은 제각기 다른 시기에 다른 목적으로 만들어진 네 개의 문서
자료들이 하나로 결합되어 만들어진 책이다. "여호와"를 신명(神
名)으로 사용하는 "야위스트"(J) 문서는 주전 9세기, "하나님"을
신명으로 사용하는 "엘로히스트"(E) 문서는 주전 8세기, "신명기

적"(D) 문서는 주전 7세기 말, "제사장적"(P) 문서는 주전 5세기의 것으로 간주된다. 문서설은 창세기의 홍수 기사 연구에도 큰 영향을 미쳤다. 한 저자(모세)가 기록한 통일된 작품이란 생각이 거부되고 서로 다른 문서들로 이루어진 복합적인 글이란 주장이 우세하게 되었다. 이것은 거룩한 경전으로서 성경의 권위와 신뢰성을 파괴하는 결과를 낳았다. 그 동안 교회가 견지해 온 성경에 대한 믿음이 문서설이란 홍수에 침몰될 상황이 벌어진 것이다.

J 문서와 P 문서

문서설에 따르면, 현재 형태의 홍수 기사는 "야위스트" 문서와 "제사장적" 문서가 결합된 것이다. 문서설이 주장하는 "야위스트" 문서의 특징은 여호와를 신명으로 사용하고, 신인동형적 (anthropomorphic) 표현을 사용하며, 이야기를 좋아한다. 이에 반해 창세기의 "제사장적" 문서는 "엘로힘"(하나님)을 신명으로 사용하고, 숫자나 치수나 도식을 사용하기 좋아하며, 경직되고 현학적인 언어를 사용하며, 특정한 표현과 어법을 반복하는 경향을 보인다.[34] 문서설의 영향을 받은 비평학자들은 창세기의 홍수

---

34 Cf. Wellhausen, *Prolegomena zur Geschichte Israels*, 7-9.

기사에 야위스트 문서와 제사장적 문서의 특징이 모두 발견된다고 주장한다. 이곳에는 "여호와"와 "엘로힘"이 번갈아 가며 신명으로 사용된다. 또한 하나님이 인간처럼 "보시며"(창 6:5) 잘못된 일에 대하여 후회하시고(창 6:6) 배의 문을 닫으시고(창 7:16) 향기를 맡으시는(창 8:21) 것으로 묘사된다(J 문서의 특징). 이곳에는 "엘레 톨레돗"(אֵלֶּה תּוֹלְדֹת, "이것이 ~의 족보니라")과 같은 공식적인 표현이 사용되며(창 6:9), 배의 치수에 대한 세부적인 묘사(창 6:15-16)와 지나치게 세밀한 날짜 계산(창 7:11, 24; 8:3-5, 13-14)이 나타나며, 하나님이 노아와 그의 아들들과 세운 공식적인 언약에 대한 기록(창 9:1-17)이 나타난다(P 문서의 특징).

여기에 더하여 비평학자들은 홍수 기사에 반복과 긴장이 나타난다고 주장한다. 예를 들어, 배에 들어간 동물들이 한 곳에는 암수 한 쌍으로 언급되는 반면(창 6:19-20, P 문서), 다른 곳에서는 정결한 동물들의 경우 암수 일곱 쌍이 배에 들어간 것으로 소개된다(창 7:1-2, J 문서). 또한 동물들이 배에 들어가는 장면도 두 차례 반복된다: 7:7-8; 7:14-15. 전자에는 J 문서에 돌려지는 표현("정결한 짐승과 부정한 짐승")이 나타나고, 후자에는 P 문서를 특징짓는 표현("종류대로")이 나타난다.[35] 비평학자들은 홍수가 일어나는 방식과 홍수의 지속 기간에도 차이를 발견한다. 그들의 주

---

35 문서설을 신봉하는 학자들은 하나님이 식물들과 동물들을 "종류대로" 창조하신 것을 서술하는 창세기 1장도 P 문서에 속한다고 주장한다.

　　　　　노아 홍수와 방주

장에 따르면, P 문서(7:11, 24; 8:3)에는 깊음의 샘이 터지고 하늘의 창문이 열리며, 홍수의 지속기간은 150일로 기록된다. 반면에 J 문서(7:12, 17; 8:6)에는 하늘에서 40일 간 비가 내리는 것으로 기록된다. 이런 차이점들에 근거하여 독일의 주석가 베스터만(C. Westermann)은 창세기 6-9장에서 J 문서의 홍수 기사와 P 문서의 홍수 기사를 다음과 같이 구분한다:[36]

내용	J 문서	P 문서
인류를 멸하고 노아를 보존하려는 하나님의 결정	6:5-8	6:9-22
노아를 보존하려는 결정의 실행(I)	7:1-5, 7, 10	7:11. 13-16a
인류를 멸하려는 결정의 실행	7:12, 16b, 17b, 22, 23a, 23c	7:17a, 18-21, 24
노아를 보존하려는 결정의 실행(II)	8:2b, 3a, 6-12, 13b	8:1-2a, 3b-5 13a, 14-19
보존된 자들의 응답: 희생 제사	8:20-22	
인류를 보존하려는 하나님의 결정		9:1-17, 18-19

---

36   Westermann, *Genesis 4-11*, 532-33. 비평학자들마다 문서를 구분하는 방식이 조금씩 다르다. Cf. Von Rad, *Das erste Buch Mose*, 97, 103.

지금까지 소개한 내용들은 문서설이 탄탄한 기초 위에 세워졌다는 인상을 줄지도 모른다. 하지만 실제로는 전혀 그렇지 않다. 문서설은 고대 이스라엘의 저자가 기록하여 전수해 준 온전한 작품을 현대 서구 해석자들의 판단 기준에 억지로 맞추고자 한 시도에 지나지 않는다. 이는 이미 영미권의 여러 학자들이 지적한 문제기에 여기서 재론하는 것은 새삼스러운 일일 수도 있다.[37] 그러나 문서설의 영향력은 여전하며, 아직도 노아 홍수의 올바른 이해에 걸림돌로 작용한다. 그러므로 앞선 연구의 도움을 받아 문서설의 문제점을 다시 살펴보고, 창세기의 홍수 기사를 통일적으로 읽으며 그것의 문학적, 신학적 온전함(integrity)을 재확인하는 노력이 필요하다.

방법론의 문제와 문서설의 침몰

먼저, 문서설이 가진 방법론의 문제가 지적되어야 한다. 문서설은 현재 우리에게 전수된 구약 성경 본문의 온전함을 신뢰하지 않는다. 그것은 기원과 목적이 다른 자료들의 "짜깁기"(patch-work)로

---

37   Cf. Kikawada and Quinn, *The Unity of Genesis 1-11*, 83-106; Mathews, *Genesis 1-11:26*, 349-56; V. P. Hamilton, *Handbook on the Pentateuch*, 2nd ed. (Grand Rapids: Baker Academic, 2005), 69-72.

간주되기에 관심은 온통 자료구분에 집중된다. 그런 노력의 결과물이란 파괴된 건물처럼 해체되어 버린 성경 본문과 문서 자료에 대한 무수한 가설뿐이다. 인류가 유산으로 물려받은 고전들 가운데 성경만큼 철저히 분해되고 해체된 책이 또 있는가? 문서설을 따르는 학자들의 의도가 어디에 있건 간에 그들의 노력은 독자들로부터 성경 본문을 빼앗는 결과를 가져왔다. 그들은 기존의 성경본문을 신뢰하기보다 자신들이 새로 재구성한 텍스트를 신뢰하도록 요구한다.[38] 이것은 음악 교육을 받은 현대의 어떤 음악가가 나름의 음악 이론으로 베토벤의 교향곡을 해체하고 그것을 재구성하여 만든 악보를 원래의 악보보다 더 뛰어나다고 말하는 것과 조금도 다르지 않다. 이러한 문서설의 방법론적 오류에 대하여 엔더슨(B. W. Anderson)은 다음과 같이 지적한다:

> 나는 하나의 경고를 더하고자 한다. 문서의 이전 단계를 복원하려는 노력이 우리의 주의를 빗나가게 하여 주어진 본문 자체로부터 가설의 영역으로 이끌고 가기 때문에, 재구성된 원형(Urform)을 해석에서 규범적인 것이나 성경 자체보다 어떤 우위를 가진 것으로 삼는 것은 타당하지 않다. 본문의 이전 역사로 이탈하는 것이 다소 가능

---

38 폰라드는 창세기의 홍수 기사를 주석함에 있어서 기존의 성경 본문에 의존하지 않고 자신이 재구성한 텍스트에 의존한다.

하거나 필요하다고 하더라도, 해석의 시작과 끝은 "글의 최종형태와 자유로운 만남"이다.[39]

엔더슨의 말은 그의 스승 마일렌버그(J. Muilenburg)가 주창했던 "수사 비평"(rhetorical criticism)과 맥을 같이한다. 마일렌버그는 전승된 본문을 세분화하고 파편화하는 성경 연구 방식에 대한 대안으로서 "히브리 문학 작품의 성격"(the nature of Hebrew literary composition)과 "각 문학 단위를 만드는 데 사용된 구조적 패턴"(the structural patterns that are employed for the fashioning of a literary unit)에 주목할 것을 역설하였다.[40] 마일렌버그의 제안은 고대 히브리어로 기록된 구약 성경의 언어적, 문학적 특성에서 벗어나 현대 서구의 언어적, 문학적 관습과 논리적, 분석적 사고를 성경 해석의 잣대로 삼아서는 안 된다는 경고이기도 하다. 마일렌버그의 제안 이후 성경 본문을 통전적으로 읽고 그것의 예술적, 수사적 특성에 초점을 맞추는 노력이 활기를 띠게 되었다. 이와 함께 성경의 통전적 읽기를 강조하는 또 다른 흐름이 나타났다. 미국 예일대의 구약학자 차일즈(B. S. Childs, 1923-2007)가 내세운 이른바 "정경적 접근법"(canonical approach)이다. 차일즈는 구약 성

---

39   B. W. Anderson, "From Analysis to Synthesis: The Interpretation of Genesis 1-11," *JBL* 97 (1978): 27.

40   J. Muilenburg, "Form Criticism and Beyond," *JBL* 88 (1968): 8.

경이 권위 있는 하나님의 말씀과 신앙공동체 사이의 역동적 상호관계에서 생겨난 문서이므로 우리에게 전승된 현재 형태의 본문이 존중되어야 한다는 주장을 폈다.[41] 차일즈의 방법론을 따르는 연구가들은 현재 우리 앞에 놓인 구약의 "정경적 형태"(canonical shape)와 그 배후에 있는 "정경적 의도"(canonical intentionality)를 찾기에 심혈을 기울인다.

이상에서 간단히 소개한 것처럼 오늘날 구약학계에서는 구약 본문을 파편화하는 방법론을 지양하고 현재의 본문을 존중하며 그것이 보여 주는 문학적 특성과 정경적 의도에 관심을 기울여야 한다는 목소리가 힘을 얻고 있다. 이것은 창세기의 홍수 기사 연구에도 유익한 결과를 가져왔다. 문서설 학자들에 의해 "짜깁기"로 간주되었던 글이 고도의 문학적 기교를 가진 훌륭한 작품으로 새롭게 받아들여지기 시작했다. 과거와 달리 이제는 – 달리 생각하는 이들도 있겠지만 – 문서설이 성경의 통일성을 입증하는 새로운 연구 결과들의 홍수에 침몰하고 있다.[42]

41 B. S. Childs, *Introduction to the Old Testament as Scripture* (London: SCM, 1979), 58-59.

42 Cf. Kikawada and Quinn, *Before Abraham Was*, 21.

여호와와 엘로힘

먼저 창세기의 홍수 기사에 "여호와"(יְהוָה)와 "엘로힘"(אֱלֹהִים)이 번 갈아 나타나는 문제에 대하여 생각해 보자. 비평학자들은 그것이 문서 자료의 다양성에 대한 증거라고 생각한다. 그러나 "여호와" 와 "엘로힘"은 동일한 한 하나님을 서로 다른 측면에서 계시하 는 이름일 수 있다는 점을 고려해야만 한다. 구약에는 이름이 매 우 중요한 의미를 갖는다. 아브람에게 "아브라함"이란 새 이름 이, 야곱에게 "이스라엘"이란 새 이름이, 호세아에게 "여호수 아"란 새 이름이, 솔로몬에게 "여디디야"란 새 이름이 주어진 것 을 생각해 보라. 대개 "여호와"는 하나님의 "내재성 또는 친밀 성"(immanence or closeness), "엘로힘"은 하나님의 "초월성 또는 타 자성"(transcendent apartness or otherness)을 나타내는 이름으로 이해 된다.[43] 그러므로 창세기 저자는 자신이 기록한 글의 맥락에 따라 하나님의 이름을 선별적으로 사용했을 가능성이 있다. 또한 창세 기 저자는 말 그대로 "다양성을 목적으로"(for variety's sake) "여호 와"와 "엘로힘"을 함께 사용했을 수도 있다.[44] 하나님은 만물을 각기 종류대로 다양하게 지으신 분이시다. 그런 하나님의 속성에

---

43 E. H. Merrill, *Everlasting Dominion: A Theology of the Old Testament* (Nashville: B&H Publishing, 2006), 39.

44 Kikawada and Quinn, *Before Abraham Was*, 62.

노아 홍수와 방주

걸맞게 하나님의 이름도 때로는 "엘로힘"(창 1, 5), 때로는 "여호와 엘로힘"(창 2:4-3:24), 때로는 "여호와"(창 4), 때로는 "여호와"와 "엘로힘"(창 6-9)으로 다양하게 사용되었을 가능성이 있다.

문서설 학자들은 이런 가능성들을 도외시하고 거의 기계적으로 하나님의 이름에 따라 문서를 나눈다는 인상을 준다. 창세기 7:16이 그런 경우에 해당한다. 이 구절에는 "엘로힘"과 "여호와"가 같이 등장한다: "16a들어간 것들은 모든 것의 암수라 **하나님**이 그에게 명하신 대로 들어가매/16b여호와께서 그를 들여보내고 문을 닫으시니라." 문서설은 "하나님"(원문에는 "엘로힘")이 속한 앞부분(16a)은 P 문서로 돌리고, "여호와"가 속한 뒷부분(16b)은 J 문서로 돌린다. 7:16이 소위 중복 기사(동물들이 배에 들어가는 것에 대한 기록, 8-9절과 14-15절)의 일부라 할지라도, 그런 식의 분리는 현재의 본문을 "지나치게 복잡한 짜깁기"(so intricate a patchwork)로 만들어 버린다.[45] 저자는 권세 있는 하나님의 명령과 관련하여 "엘로힘"을, 가까이서 돌보시는 하나님의 친밀성과 관련하여 "여호와"를 신명(神名)으로 사용했을 수 있다. 하나님의 이름을 기준으로 문서를 구분하는 문서설의 문제점은 창세기 6:8-9에서 더욱 두드러진다. 문서설은 "여호와"가 나오는 8절을

---

45 Kikawada and Quinn, *Before Abraham Was*, 25. 문서 구분의 이유로 제시되는 "중복 기사"도 사실은 "중복"이 아니라 문학적인 장치라는 차원에서 설명될 수 있다. 이에 대한 더 자세한 설명은 뒤에서 주어질 것이다.

J 문서에, "엘로힘"이 나오는 9절을 P 문서에 돌린다. 그러나 6:8-9은 정교한 문학적 구성을 통해 통일체를 이룬다. 주석가 웬함(G. Wenham)의 분석이 이것을 잘 보여 준다.[46]

A   וְנֹחַ 노아

B   מָצָא חֵן 은혜를 입었더라

C   בְּעֵינֵי יְהוָה 여호와께

D   אֵלֶּה תּוֹלְדֹת נֹחַ 이것이 노아의 족보(tôləḏôṯ)니라

E   נֹחַ אִישׁ צַדִּיק 노아는 의인이요

E'   תָּמִים הָיָה 완전한 자라

D'   בְּדֹרֹתָיו 당대에(dôrôṯ)

C'   אֶת־הָאֱלֹהִים 하나님과

B'   הִתְהַלֶּךְ 동행하였으며

A' נֹחַ 노아

위의 도식은 창세기 6:8-9이 두 문서의 결합이 아니라 원래부터 하나였다는 것을 잘 보여 준다. 서로 다른 두 문서를 "짜깁기" 하였다면, 이런 정교한 구성이 가능했겠는가? 다음은 오스트레일리아 출신의 신학자 엔더슨(F. I. Andersen)이 문서설을 겨냥하여

---

46   G. Wenham, "The Coherence of the Flood Narrative," *VT* 28 (1978): 341.

한 말이다: "홍수 서사시의 문장들은 … 일반적으로 J와 P 문서에 할당된 본문들을 가로지른다. 문서 가설이 옳다면, 이는 어떤 편집자가 같은 이야기를 다루는 평행 판본의 조각들을 풀과 가위로 함께 붙였는데도, 담화 문법의 관점에서 볼 때, 온전한 천으로 만들어진 것처럼 보이는 결과를 얻었다는 의미다."[47] 엔더슨과 비슷하게 키카와다와 퀸은 "창세기 1-11장이 특출한 기술과 정교함을 지닌 저자에 의한 걸작품"이라고 평가하며, 이 저자를 "편집자"라고 말하는 것은 앞뒤가 맞지 않다고 강변한다.[48]

모순처럼 보이는 내용들

다음으로, 홍수 기사에 나타난다고 주장되는 모순과 반복에 대하여 생각해 보자. 창세기 6:19-21에는 각종 생명체 중에 두 마리, 곧 암컷과 수컷이 배에 들어가는 것으로 언급된다. 하지만 창세기 7:2-3에는 정결한 짐승과 공중의 새의 경우 암수 일곱 쌍이 배에 들어가는 것으로 설명된다. 문서설은 이것을 충돌/모순으로 이해한다. 이는 창세기의 편집자가 자신이 편집한 글에서 모

---

47   F. I. Andersen, *The Sentence in Biblical Hebrew* (The Hague: Mouton, 1974), 40 (Wenham, "The Coherence of the Flood Narrative", 337에서 재인용).

48   Kikawada and Quinn, *Before Abraham Was*, 83.

순을 인식하지 못할 정도로 미숙했다는 이야기가 된다. 하지만 위에서 보았고 앞으로 더 확인하게 되겠지만, 창세기의 홍수 기사는 매우 정교하게 구성되었으며 문학적으로 탁월한 걸작품이다. 이것을 고려하면, 홍수 기사에 대한 섣부른 평가는 금물이다. 배에 탄 동물과 관련하여 충돌처럼 보이는 부분은 저자의 의도라는 차원에서 자연스럽게 설명될 수 있다. 창세기 저자는 앞에서(6:19-21) 배에 들어갈 동물에 대한 일반적 설명(각종 생명체 중에 두 마리)을 제공하고, 뒤에서(7:2-3)는 세부적인 설명(정결한 동물과 공중의 새의 경우 암수 일곱 쌍)을 제공한다. 6:19-20에서 "두 마리"(שְׁנַיִם)는 배에 들어갈 동물의 "수효"를 정확히 제한하기보다 "수컷과 암컷"을 염두에 둔 표현이다. 배에 들어갈 동물은 기본적으로 둘, 곧 수컷과 암컷이어야 한다.

A וּמִכָּל־הָחַי מִכָּל־בָּשָׂר 모든 육체의 모든 생명 중에서,

  B שְׁנַיִם מִכֹּל 모든 것에서 둘을

    C תָּבִיא אֶל־הַתֵּבָה לְהַחֲיֹת אִתָּךְ 배에 이끌어 들여 너와 함께 살아 있게 하라.

      X זָכָר וּנְקֵבָה יִהְיוּ 그것들은 수컷과 암컷이어야 한다.

A' מֵהָעוֹף לְמִינֵהוּ וּמִן־הַבְּהֵמָה לְמִינָהּ 새 중에서 종류대로, 짐승 중에서 종류대로 …

  B' שְׁנַיִם מִכֹּל 모든 것에서 둘이

노아 홍수와 방주

C' יָבֹאוּ אֵלֶיךָ לְהַחֲיוֹת 살아남기 위하여 너에게 올 것이다.

위에서 볼 수 있듯이, 세 쌍으로 이루어진 평행구조에서 "수컷과 암컷"에 대한 언급(x)이 중심 축을 이룬다. 이는 본문의 관심이 수컷과 암컷에 집중된다는 것을 보여 준다. 그 이유는 분명하다. 홍수 후 동물의 개체가 보존되기 위해서는 수컷과 암컷이 함께 생존해야 한다. 수컷과 암컷 이외 다른 문제 – 동물의 수효가 종류별로 둘인가 열 넷인가? – 는 이 본문의 주된 관심사가 아니다. 또한 "둘"에 해당하는 히브리어 단어 "셔나임"(שְׁנַיִם)이 쌍수(dual)임을 상기할 필요가 있다. 헤밀턴(V. P. Hamilton)은 쌍수인 단어로 복수를 만들 수 없다는 사실을 지적하며, 6:19-20에서 "셔나임"(שְׁנַיִם)이 "쌍들에 대한 집합명사"(a collective for pairs)라고 설명한다.[49] 이렇게 보면, 6:19-20은 "동물의 쌍들"(pairs of animals)이 배에 들어가야 한다고 말하는 것으로 이해될 수 있다. 그렇지 않다면, 6:19-20은 최소한 배에 들어갈 동물의 "쌍"이 "복수"일 가능성을 열어 놓는다.

　　6:19-20의 일반적 규정에 이어 7:2-3은 배에 들어갈 동물들에 대해 더 자세한 설명을 제공한다. 짐승들 가운데 정결한 종류는 각각 암수 일곱 쌍씩, 부정한 종류는 각각 암수 한 쌍씩, 새

49　V. P. Hamilton, *The Book of Genesis Chapters 1-17* (NICOT; Grand Rapids: Eerdmans, 1990), 287.

는 정결과 부정의 구분 없이 종류별로 암수 일곱 쌍씩 배에 탄다. "정결"과 "부정"이 제의적인 상태를 표현하는 말임을 고려하면, 이런 차이의 이유를 알 수 있다. 정결한 짐승과 새는 홍수 후 여호와께 드릴 제물로 사용되어야 했기에 특별히 많은 수가 보존되어야 했다(창 8:20 참조). 정결한 짐승과 새가 식용으로 사용되기도 했다는 점도 고려할 필요가 있다(레 11; 신 14 참조). 비록 인간에게 육식이 허용된 것은 홍수 이후의 일이나(창 9:3 참조), 아담의 타락 이후 관행으로 되어 왔던 일이 홍수 후에 공식적으로 인정되었을 가능성도 있다.[50] 이렇게 보면, 정결한 짐승과 새는 제의적인 용도 외에 식용을 위해서도 많은 수가 필요했다고 할 수 있다. 모든 것을 종합할 때, 6:19-20과 7:2-3은 서로 충돌되는 병행 본문이 아니라 배에 탄 동물들의 목적을 단계별로 더 자세히 설명하는 일관된 기록의 연속 본문이라고 보는 것이 옳다.

　　문서설을 따르는 학자들은 홍수 기간과 관련하여서도 충돌을 발견한다. 그들은 홍수가 지속된 기간이 제사장 문서(7:24; 8:3)와 야위스트 문서(7:12, 17; 8:6)에서 각각 150일과 40일로 언급된다고 주장한다. 하지만 이것은 문서 구분을 전제로 하는 분석일 뿐이다. 현재의 본문을 있는 그대로 읽으면, 홍수 기사의 모든 시간 정보들이 합산되어 1년이란 기간을 이룬다. 홍수는 노아

50　Cf. K. A. Mathews, *Genesis 1:11:26* (NAC 1A; Nashville: B&H, 1996), 401.

가 600세 되던 해 2월 17일에 시작된다(7:11). 이로부터 40일 간 밤낮으로 비가 쏟아졌으며(7:12, 17), 이 기간을 포함하여 150일 동안(7월 17일까지) 물이 온 세상을 뒤덮는다(7:24; 8:3). 그런 다음 물이 줄어들기 시작하여 10월 1일에 산들의 봉우리가 드러나고 (8:5), 40일 뒤에 노아가 창문을 열고 까마귀를 날려 보내 물이 줄어든 여부를 확인한다(8:6). 이후 여러 차례 비둘기를 통해 물이 줄어들었는지를 살피다가, 601년 1월 1일에 땅에서 물이 걷힌 것을 확인한다(8:13). 다음 달 17일, 그러니까 홍수가 시작된 지 정확히 1년 만에 땅이 마르고, 노아와 그의 가족들이 배에서 나온다(8:14, 17). 이처럼 홍수 기사의 시간 정보들은 전체에 시간적 통일성을 제공한다.

여기서 "날"(days)이 8:1의 "하나님이 노아와 그와 함께 방주에 있는 모든 짐승들과 가축을 기억하사"를 중심축으로 대칭을 이룬다는 웬함(G. J. Wenham)의 분석에 주목할 필요가 있다.[51]

---

[51] Wenham, "The Coherence of the Flood Narrative," 337. 이 분석에는 "40 주야" 나 "노아가 육백 세 되던 해 둘째 달 곧 그 달 열이렛날" 같은 표현은 제외된다.

7일 (7:4)

7일 (7:10)

40일 (7:17a)

150일 (7:24)

"하나님이 노아를 기억하셨다" (8:1)

150일 (8:3)

40일 (8:6)

7일 (8:10)

7일 (8:12)

흥미롭게도 위의 그림은 홍수의 물이 밀려와서 정점을 찍고 다시 물러가는 자연적 리듬을 시각적으로 잘 드러내 보여 준다. 특별히 이 리듬의 중심에는 노아를 기억하시는 하나님의 긍휼이 있다. 홍수 심판이라는 무서운 재앙에서도 하나님의 긍휼이 노아와 함께 하며, 마침내 홍수의 물이 물러가게 만든다. 하나님의 긍휼은 사나운 홍수의 물결 가운데서 노아의 방주를 지켜 주는 안전한 포구나 든든한 닻과 같다. 저자는 교차 대칭이라는 문학 기법을 사용하여 홍수의 역사적 진행과 신학적 의미를 감탄할 정도로 절묘하게 그려 낸다. 이와 같이 문학적, 신학적 차원에서 통일성을 이루는 글을 자료 분석이라는 이름하에 분리하는 것은 미켈란젤로의 "천지 창조"를 가위로 조각 내어 풀로 다시 붙이는 것만큼이나 무모하고 위험한 일이다.

중복처럼 보이는 내용들

이제 홍수 기사에 나타나는 소위 중복(doublet)에 대하여 생각해 보자. 문서설을 따르는 학자는 노아와 그의 가족들이 배에 들어간 기록이 두 차례(7:7, 13) 반복되는 것에 주목한다. 그들은 이것이 홍수 기사에 두 문서 자료가 사용되었다는 증거라고 주장한다. 그러나 구약 히브리어 성경에서 반복은 종종 사용되는 문학 기법이다. 가령 이스라엘 자손이 요단을 건너 가나안에 들어가는 장면을 묘사하는 곳에서 제사장들이 법궤를 메고 백성 앞에서 나아가는 모습이 두 차례(수 3:6, 14) 기록된다. 열왕기하 25장에서도 바벨론 왕의 시위대장 느부사라단이 예루살렘 사람들을 사로잡아 간 일이 두 번(11절, 18-20절) 묘사된다. 시편에 자주 나타나는 평행법(parallelism)은 히브리어 성경 기자가 반복 기법을 얼마나 즐겨 사용하는지를 보여 주는 좋은 예이다. 대개 반복 기법이 사용될 때는 앞의 내용이 뒤에서 그대로 반복되기보다 다소 변형된 형태를 띤다. 이를 통해 독자들은 같은 내용을 다양한 각도에서 보게 되고, 단조로움에서 벗어나 풍성한 의미를 발견한다.

홍수 기사에서도 같은 현상이 일어난다. 저자는 노아와 그의 가족들, 그리고 동물들이 배에 탄 기록을 반복하지만, 이는 단순한 반복과는 거리가 멀다. 창세기 7:6-16을 자세히 읽으면, 같은 내용이 반복되면서도 둘 사이에 크고 작은 차이가 있음을 발견하게 된다.[52] 이 차이는 사건을 전체적으로 볼 수 있게 하며, 관심과 흥미를 유발하고, 글에 역동성과 깊이를 더한다. 다음 비교는 노아의 승선(乘船)에 대한 반복 기록이 얼마나 같은 내용을 다양하게 묘사하는지를 잘 보여 준다.

> A 노아의 승선 I (7:6-7):
>
>   "홍수가 땅에 있을 때에 노아가 육백 세라
>
>   노아는 아들들과 아내와 며느리들과 함께 홍수를 피하여 방
>   주에 들어갔고"
>
> A' 노아의 승선 II (7:11-13):
>
>   "노아가 육백 세 되던 해 둘째 달 곧 그 달 열이렛날이라 그
>   날에 큰 깊음의 샘들이
>
>   터지며 하늘의 창문들이 열려 사십 주야를 비가 땅에 쏟아
>   졌더라 곧 그 날에
>
>   노아와 그의 아들 셈, 함, 야벳과 노아의 아내와 세 며느리

---

52   Cf. Kikawada and Quinn, *Before Abraham Was*, 89.

가 다 방주로 들어갔고"

B 동물들의 승선 I (7:8-9):

"정결한 짐승과 부정한 짐승과 새와 땅에 기는 모든 것은

하나님이 노아에게 명하신 대로 암수 둘씩 노아에게 나아와

방주로 들어갔으며"

B' 동물들의 승선 II (7:14-16a):

"그들과 모든 들짐승이 그 종류대로, 모든 가축이 그 종류대

로, 땅에 기는 모든 것이

그 종류대로, 모든 새가 그 종류대로 무릇 생명의 기운이 있

는 육체가 둘씩

노아에게 나아와 방주로 들어갔으니 들어간 것들은 모든 것

의 암수라

하나님이 그에게 명하신 대로 들어가매"

위의 도식이 잘 보여 주는 것처럼 노아와 동물의 승선에 대한 기
록은 분명히 단순한 반복이 아니다. 두번째 기록이 처음 것에 비
해 더 자세하고 구체적이다. 만일 이 모두를 통으로 함께 묶어 기
록했다면, 글의 내용이 얼마나 장황하고 지루하게 느껴졌겠는
가? 저자는 반복 기법을 사용하여 이런 문제를 피하고 글에 간결
미와 발견 학습적 흥미 또는 긴장을 부여하며, 노아와 동물들의
승선이 갖는 다양한 의미들을 효과적으로 전달한다. 문서설에

따라 본문을 해체하는 것은 이런 저자/본문의 의도를 파괴하는 일종의 잔혹한 폭력 행위다.

문학적 구성과 자연적 리듬

지금까지 문서설에 의해 긴장 또는 마찰, 중복으로 간주되는 홍수 기사의 본문들을 미시적인 차원에서 살펴보았다. 이제 거시적인 차원에서 홍수 기사가 문학적으로 잘 짜인 통일체라는 점을 설명함으로써 이 장을 마무리하고자 한다. 웬함(G. J. Wenham)은 창세기 6:10-9:19의 내용들이 8:1("하나님이 노아를 기억하셨다")을 중심으로 대칭을 이룬다는 사실을 발견하였다. 대칭축을 중심으로 앞에는 노아가 홍수를 위한 방주를 준비하고, 가족들과 동물들과 함께 방주에 들어가고, 40일 간 하늘에서 비가 쏟아지고, 150일 간 물이 큰 산들을 비롯하여 온 세상을 뒤덮는 일이 묘사된다. 대칭의 다른 편에는 테이프를 되돌리듯이 홍수가 종결되는 과정이 묘사된다. 먼저 150일 후에 물이 줄어들기 시작하여 산봉우리들이 드러나고, 40일이 지나 방주의 창문이 열리고 물이 줄어드는 것이 확인되며, 마침내 노아와 그의 가족들과 동물들이 방주에서 마른 땅으로 나온다. 웬함은 이것을 도식으로 다음과 같이 잘 정리하였다.[53]

A 노아(6:10a)

B 셈, 함, 야벳(6:10b)

C 방주의 건조(6:14-16)

D 홍수의 발표(6:17)

E 노아와의 언약(6:18-20)

F 방주에 실을 음식(6:21)

G 방주에 들어가라는 명령(7:1-3)

H 7일 간 홍수를 기다림(7:4-5)

I 7일 간 홍수를 기다림(7:7-10)

J 방주에 들어감(7:11-15)

K 여호와가 방주의 문을 닫으심(7:16)

L 40일 간의 홍수(7:17a)

M 물이 불어남(7:17b-18)

N 산들이 덮임(7:19-20)

O 150일에 물이 가득함(7:(21)-24)

P 하나님이 노아를 기억하심(8:1)

O' 150일에 물이 줄어듦(8:3)

N' 산봉우리가 보임(8:4-5)

M' 물이 감소함(8:5)

---

53   Wenham, "The Coherence of the Flood Narrative," 338.

L'	40일이 지남(8:6a)
K'	노아가 방주의 창문을 엶(8:6b)
J'	까마귀와 비둘기가 방주를 떠남(8:7-9)
I'	7일 간 물이 물러가기를 기다림(8:10-11)
H'	7일 간 물이 물러가기를 기다림(8:12-13)
G'	방주에서 내리라는 명령(815-17(22))
F'	방주 밖의 음식물(9:1-4)
E'	모든 육체와의 언약(9:8-11)
D'	홍수가 없을 미래(9:11-17)
C'	방주(9:18a)
B'	셈, 함, 야벳(9:18b)
A'	노아(9:19)

위의 대칭 구조가 누군가에게는 억지처럼 보일 수도 있다. 그러나 내용이나 어휘 또는 표현에서 앞뒤가 상응관계를 갖는 것은 부인하기 어렵다. 여러 학자들도 이 분석의 가치를 인정한다.[54] 노아가 배에 들어가기까지 기다린 시간이 한 번의 7일 기간임에

---

54 Kikawada and Quinn, *Before Abraham Was*, 104; Mathews, *Genesis 1-11:26*, 353. 엔더슨은 유사하지만 보다 더 단순한 대칭 구조를 제시한다. 엔더슨의 대칭 구조 역시 8:1("하나님께서 노아를 기억하셨다")을 중심축으로 갖는다. Anderson, "The Interpretation of Genesis 1-11," 38을 보라.

도 불구하고 그것이 두 번 언급되고, 노아가 새들을 통해 물이 감하였는지 확인하는 시간이 세 번의 7일 기간이었음에도 그것이 두 번 언급된 것은 분명히 전반부와 후반부 사이에 균형을 맞추기 위한 노력을 반영한다. 마찬가지로 홍수의 물이 줄어들기 시작한 날로부터 40일 후의 시점이 특별히 언급된 것은 홍수의 비가 쏟아진 40일과 균형을 맞추기 위한 의도된 노력이라고 할 수 있다. 그럼에도 불구하고 홍수 기사에는 위의 구조에 꼭 맞아떨어지지 않는 요소들도 있다. 웬함도 그것을 인정한다. 저자의 입장에서 내용에 충실하다 보면 모든 요소들을 하나의 틀에 맞추기는 어려웠을 것이다. 특히 다루는 내용이 허구가 아니라 실제 일어난 사건이었기에 더더욱 그랬을 것이다. 사실상 대칭 구조에서 중요한 것은 모든 요소들이 꼭 들어맞느냐 하는 문제보다도 그것들 사이의 전반적인 균형과 조화/대조일 것이다. 대칭 구조에 나타나는 변칙은 오히려 글이 무미건조해지지 않고 흥미롭게 되도록 하는 요소일 수 있다. 웬함의 말을 들어 보자:

> 대부분의 예술작품에서 완벽한 반복과 균형은 바람직하지 않다. 관객과 청중에게 즐거움을 선사하는 것은 정해진 패턴과 대비되는 모양과 형식의 변형이다. 형식의 완전한 결여는 이해를 불가능하게 한다. 절대적 반복은 무

미건조하다. 우리의 저자는 양극단을 모두 피한다.[55]

홍수 기사의 대칭 구조에서 볼 수 있는 예술성과 함께 강조되어야 할 내용이 있다. 앞에서도 언급하였듯이 "하나님의 기억"을 정점으로 홍수의 물이 증가에서 감소로 전환되는 리듬은 문학적 구성이란 차원을 뛰어넘어 실제 삶에서 경험하는 자연적 리듬을 그대로 반영한다. 물이 불어났다가 정점을 찍고 감소하기 시작하는 것은 자연 현상에 속한다. 배에 들어간 사람들이 일정 시간 후에 다시 배에서 나오는 것은 일상적인 일이다. 그러므로 홍수 기사에 대칭의 형식으로 표현되는 예술성은 일상의 삶에서 경험되는 사건들과 동떨어진 것이 아니다. 이런 측면에서 "내러티브란 그저 사건을 성공적으로 묘사하는 하나의 가능한 수단이 아니다. 그것의 구조는 사건들 자체에 내재해 있다"고 한 카(D. Carr)의 말은 전적으로 옳다.[56] 이것은 창세기의 홍수 기사를 바르게 이해하는 데 중요한 방향을 제공한다. 창세기의 홍수 기사는 그것이 가진 모든 문학성과 예술성에도 불구하고 실제 사건을 기록한 글이다. 이곳에서 발견되는 예술적 요소들은 오히려 홍수 사건이 갖는 의미를 생생하게 감동적으로 드러내는

55 Wenham, "The Coherence of the Flood Narrative," 340.

56 I. Provan, V. P. Long, T. Longman III, *A Biblical History of Israel* (Louisville: Westminster John Knox Press, 2003), 83에서 재인용.

역할을 한다.

하나님의 기억하심

창세기 저자가 홍수 기사를 통해 말하고자 했던 바는 무엇일까? 대칭 구조로 이루어진 홍수 기사의 정점에 "하나님이 노아를 기억하셨다"는 진술이 나온다. 이것은 독자들에게 "하나님의 기억하심"이 홍수 사건의 중심을 차지한다는 의미로 다가온다. 여기서 "하나님의 기억하심"은 일차적으로 홍수가 있기 전 하나님께서 노아와 맺은 언약과 관계된다. 하나님은 노아에게 홍수에서 살아남을 것을 약속에 주셨다(창 6:18-21). 하나님은 이 약속을 기억하셨고, 그에 따라 홍수의 물이 물러가고 생명의 보존을 위해 필요한 땅이 드러났다. 결국 홍수가 끝나고 노아가 새로운 삶을 시작할 수 있게 된 것은 언약을 지키시는 하나님의 신실하심 때문이다. 저자는 홍수 기사의 문학적 장치를 통해 이 사실을 강조하고자 했다. 홍수 이전의 인류는 본능적으로 죄를 범하는 타락한 존재였다(창 6:5 참조). 그것은 하나님이 의도하신 인간상과는 전혀 다른 것이었다. 그러므로 세상을 원점으로 되돌리는 홍수 심판이 불가피했다. 하나님은 이 심판에서 노아와 그의 가족들을 보존하시고자 노아와 언약을 맺으셨고, 이 언약에 따라 홍수를 주관하셨다.

이렇게 보면, "하나님의 기억하심"은 노아를 넘어 세상을 창조하실 때 하나님이 가지셨던 원래의 계획과 관계된다. 노아는 뱀의 유혹으로 타락한 인류가 잃어버린 하나님의 축복을 회복하는 데 없어서는 안될 중요한 인물이다. 아담에서 노아로 이어지는 계보를 통해 뱀의 머리를 상하게 할 "여인의 씨"가 등장할 것이기 때문이다(창 3:15; 5:1-32). 그러므로 홍수 기사의 한가운데 강조되는 "하나님의 기억하심"은 하나님께서 세상을 창조하실 때 가지셨던 계획과 연결되는 것이 분명하다. 하나님은 홍수 재앙이 세상을 휩쓰는 한가운데서도 세상을 향한 계획을 잊지 않으셨다. 오히려 홍수 심판은 그 계획을 실현하기 위한 놀라운 수단이다. 홍수의 물결 속에서도 하나님의 계획은 그 거센 물살을 가르고 앞으로 전진한다. 통제하기 힘든 홍수의 물은 불변하는 하나님의 신실하심에 막혀 힘을 잃고 제자리로 돌아간다. 이제 세상은 다시 출발할 것이다. 온 세상이 하나님의 축복을 회복할 때까지 이 여정은 멈추지 않는다. 홍수의 한가운데서 홍수를 지배하는 하나님의 언약적 신실하심이 역사의 한가운데서 역사를 지배하실 것이기 때문이다. 홍수 기사의 정교한 대칭 구조는 역사를 주관하시는 하나님의 정교한 섭리를 반영한다.

그러므로 홍수 기사의 문학적, 신학적 통일성을 거부하는 문서설은 궁극적으로 세상을 통치하시는 하나님의 신실하신 섭리에 도전하는 편집적 오만의 산물로 평가되어야 한다. 문서설을 신봉하는 학자들이 대개 하나님의 역사 섭리를 받아들이지 않는 것은 결코 우연이 아니다. 그러나 세상이 아무리 하나님의 섭리와 통치를 부인할지라도 하나님은 살아 계셔서 역사를 주관하신다. 홍수 가운데 노아를 기억하신 하나님은 역사 속에서 자기 백성을 기억하신다.

나오는 말

성경의 하나님은 역사의 하나님이다. 성경에서 만나는 하나님은 관념이나 사상 속에 머물러 계신 분이 아니라 역사를 주관하시고 역사에서 활동하시는 분이다. 성경은 하나님의 존재를 철학적으로 논증하거나 하나님의 어떠하심을 이론적으로 설명하려고 하지 않는다. 대신 성경은 역사 속에 이루어진 하나님의 큰 일들을 서술적으로 증언한다. 하나님은 태초에 하늘과 땅을 창조하셨으며, 아브라함에게서 큰 민족을 일으키셨으며, 이스라엘을 애굽에서 구원하여 젖과 꿀이 흐르는 땅에 살게 하셨다. 성경이 제공하는 이 역사 증언을 통해 성경 독자들은 하나님을 인간 삶을 포함한 세상 역사의 산 주인으로 만난다. 그러므로 성경의 역사증언을 믿음으로 받아들이는 일이 중요하다. 그렇지 않을 경

노아 홍수와 방주

우 하나님은 역사의 현장에서 종교적 관념의 세계로 밀려나거나 단지 옛 이스라엘의 신앙고백에서나 살아 계셨던 분으로 인식되고 만다.

노아 홍수 역시 실제 일어난 사건으로 받아들여져야 한다. 이 글에서 살펴보았듯이 창세기의 홍수 기사는 역사 기록의 특성을 가지고 있으며, 독자들에게 그렇게 읽히도록 의도되었다. 노아 홍수의 서막에 해당하는 "하나님의 아들들"의 이야기는 홍수 이전 인간이 철저히 세속화되어 하나님의 심판을 받을 수밖에 없는 상태가 된 것을 알려 준다. 홍수 기사는 죄의 영향으로 더 이상 쓸모 없게 되어 버린 세상을 창조의 원점으로 되돌리고 노아와 그의 가족들을 보존하여 세상과 인간에 대한 원래 계획을 공고히 지키시는 하나님의 주권적인 행위를 묘사한다. 홍수 사건을 하나님의 창조 계획과 연결하는 이 원대하고 심오한 역사안목은 인간이 만드는 소음 때문에 잠을 이루지 못하고 괴로워하다가 홍수를 보내고, 후에 동료 신들로부터 생각 없이 재앙을 보냈다고 비난을 받는 저급하고 변덕스러우며 무모한 신의 이야기에서 찾을 수 없는 것이다. 그럼에도 불구하고 둘 사이의 유사성을 내세운다면, 다음 비유가 적절할 것이다: 나무나 돌로 만들어진 우상이 참된 신일 수 없듯이, 메소포타미아의 홍수 신화는 창세기 홍수 기사의 조악한 유사품이다.

확실히 창세기의 홍수 기사는 "진본"(genuineness)의 특성을 가지고 있다. 문서설을 따르는 사람들은 홍수 기사를 기원과 관심이 다른 두 문서가 결합된 것으로 이해한다. 하지만 이것은 현대 해석자가 자신의 기준에 맞추어 성경을 읽으려 한 것에서 생겨난 오해이다. 앞의 분석에서 보았듯이 홍수 기사는 문학적으로 매우 정교하게 구성되고 신학적으로 일관된 관점을 보이는 통일체이다. 이 놀라운 기록 속에 살아 숨쉬는 아름다움과 심오함이야말로 이 글의 탁월성과 진실성을 확인해 주는 가늠자이다. 특히 저자가 "여호와께서 노아를 기억하셨다"는 중요한 문구를 중심으로 날짜 정보가 대칭을 이루도록 기록된 것은 홍수 사건이 하나님의 세밀한 섭리 가운데 일어났다는 것을 감동적으로 증언한다. 오늘 우리의 삶이 하나님의 세밀하신 섭리의 손길 아래 있음을 믿을진대 이 증거를 비역사적인 것으로 여겨야 할 이유는 없다. 창세기의 홍수 기사는 이미 일어난 구속 역사의 다른 사건들과 장차 임할 종말의 심판만큼이나 역사적이다.

Albertz, R. *Religionsgeschichte Israels in alttestamenlicher Zeit 2.* Das Alte Testament Deutsch. Göttingen: Vandenhoeck & Ruprecht, 1997.

Anderson, B. W., "From Analysis to Synthesis: The Interpretation of Genesis 1-11," *JBL* 97 (1978): 23-39.

Andersen, F. I. *The Sentence in Biblical Hebrew.* The Hague: Mouton, 1974.

Bartlett, D. L. *The First Letter of Peter.* The New Interpreter's Bible. Nashville: Abingdon Press, 1998.

Childs, B. S. *Introduction to the Old Testament as Scripture.* London: SCM, 1979.

Dietrich, W. *Die frühe Königszeit in Israel: 10. Jahrhundert v. Christus.* Biblische Enzyklopädie. Stuttgart: Kohlhammer, 1997.

Doedens, J. *The Sons of God in Genesis 6:1-4.* Debrecen: Kapitális Printing House, 2013.

Enns, P. *The Evolution of Adam. What the Bible Does and Doesn't Say about Human Origins.* Grand Rapids: Brazos Press, 2012.

Fockner, S. "Reopening the Discussion: Another Contextual Look at the Sons of God," *JSOT* 32 (2008): 435-456.

Gentry, P. J. & Wellum, S. J. *Kingdom through Covenant. A Biblical-Theological Understanding of the Covenants.* Illinois: Crossway, 2012.

Green, G. L. *Jude & 2 Peter*. Baker Exegetical Commentary on the New Testament. Michigan: Baker Publishing, 2008.

Green, J. B. *1 Peter*. The Two Horizons New Testament Commentary. Grand Rapids: Eerdmans, 2007.

Hamilton, V. P. *The Book of Genesis Chapters 1-17*. The New International Commentary on the Old Testament. Grand Rapids: Eerdmans, 1990.

_____ *Handbook on the Pentateuch*. 2nd ed. Grand Rapids: Baker Academic, 2005.

Heidel, A. *The Gilgamesh Epic and Old Testament Parallels*. Chicago: University of Chicago Press, 1949.

Hendel, R. S. "Of Demigods and the Deluge: Toward an Interpretation of Genesis 6:1-4," *JBL* 106/1 (1987): 13-26.

Junker, H. "Zur Erklärung von Gen. 6, 1-4," *Biblica* 16 (1935): 205-212

Keil, C. F. *Genesis und Exodus*. Biblischer Commentar. Leipzig: Dörffling und Franke, 1878.

Kikawada, I. M. & Quinn, A. *Before Abraham Was: The Unity of Genesis 1-11*. San Fransisco: Ignatius Press, 1989.

Kilmer, A. D. "The Mesopotamian Concept of Overpopulation and Its Solution as Reflected in the Mythology," *Orientalia* 41 (1972): 160-77.

Kline, M. G. "Divine Kingship and Genesis 6:1-4," *WTJ* 24

(1962): 187-204.

Koehler, L. und Baumgartner, W. (Hrsg.). *Hebräisches und Aramäisches Lexikon zum Alten* Testament. 3. Aufl. Leiden: Brill, 2004.

Lambert, W. G. "A New Look at the Babylonian Background of Genesis," *The Journal of Theological Studies* 16 (1965): 287-300.

Mathews, K. A. *Genesis 1:11:26.* The New American Commentary. Nashville: B&H, 1996.

Merrill, E. H. *Everlasting Dominion: A Theology of the Old Testament.* Nashville: B&H Publishing, 2006.

Millard, A. R. "A New Babylonian 'Genesis' Story," *Tyndale Bulletin* 18 (1967): 3-18.

Muilenburg, J. "Form Criticism and Beyond," *JBL* 88 (1968): 1-18.

Patton, M. H. and Putnam, F. C. *Basics of Hebrew Discourse. A Guide to Working with Hebrew Prose and Poetry.* Edited by M. V. Van Pelt. Grand Rapids: Zondervan Academic, 2019.

Perkins, P. *First and Second Peter, James, and Jude*, Interpretation. Louisville: John Knox Press, 1995.

Pesch, R. *Das Markusevangelium. Zweiter Teil: Kapitel 8,27-16,20.* Herders Kommentar zum Neuen Testament. Freiburg: Herder, 1977.

Pettinato, G. "Die Bestrafung des Menschengeschlechts durch die Sintflut: Die erste Tafel des Atramḫasīs-Epos eröffnet eine neue

Einsicht in die Motivation dieser Strafe," *Orientalia* 37 (1968): 165-200.

Provan, I., Long, V. P., Longman III, T. *A Biblical History of Israel.* Louisville: Westminster John Knox Press, 2003.

Rad, G. von. *Das erste Buch Mose.* Das Alte Testament Deutsch. Berlin: Evangelische Verlagsanstalt, 1955.

_____ *Theologie des Alten Testaments Band 1: Die Thologie des geschichtlichen Überlieferung Israels.* München: Kaiser Taschenbücher, 1992.

Sailhamer, J. H. *Genesis,* The Expositor's Bible Commentary. Michigan: Zondervan, 2008.

Scharbert, J. *Genesis 1-11.* Die Neue Echter Bibel. 6. Aufl. Würzburg: Echter Verlag, 2005.

VanGemeren. W. A., "The Sons of God in Genesis 6:1-4: An Example of Evangelical Demythologization?" *WTJ* 43 (1981): 320-348.

Vinson, R. B. *1 Peter.* Smyth & Helwys Bible Commentary. Macon: Smyth & Helwys Publishing, 2010.

Wellhausen, J. *Prolegomena zur Geschichte Israels.* 6. Aufl. Berlin: Walter de Gruyter, 2001.

Wenham, G. "The Coherence of the Flood Narrative," *VT* 28 (1978): 336-48.

노아 홍수와 방주

Westermann, C. *Genesis 4-11*. Biblischer Kommentar Altes Testament. 4. Aufl. Neukirchen-Vluyn: Neukirchener Verlag, 1999.

김진수, 『아담은 역사적 인물이 아닌가』. 수원: 합신대학원출판부, 2018.
_____ 『창조의 목적과 하나님의 나라』. 수원: 영음사, 2018.

https://www.mythoreligio.com/15-flood-myths-similar-to-the-story-of-noah-2/ (참조일: 2020년 8월 12일)

https://www.livius.org/articles/misc/great-flood/flood4_t-apollodorus/ (참조일: 2020년 8월 일)

2부

/

/

조선공학자가 본 노아 방주 이야기

이경호 교수(인하대학교 조선해양공학과)

1

여는 이야기

성경에 기록하고 있는 전 지구적 노아의 대홍수는 과연 역사적인 사실일까? 엄청난 격변적 대홍수 속에서도 과연 노아의 방주(Ark)는 안전하게 살아남을 수 있었을까? 이런 의문들 속에서 성경에 기록되고 있는 격변적 대홍수와 노아의 방주는 역사적인 사건이 아닌 고대 근동에서 전해 내려오는 홍수 설화 중의 하나 정도로 치부해 버리고 있다. 심지어 크리스천들조차도 예수그리스도를 통한 성경의 구원 역사는 믿지만, 구약의 많은 이야기는 역사적 사건으로 받아들이지 않고 있다는 것이 현실이다. 현시대의 많은 교회가, 심지어 목회자들조차, 성경적 구원 신앙은 강조하지만, 성경적 창조신앙은 중요하게 생각하지 않으며 간과하고 지나가는 것 같다. 그래서 창세기 12장 이후의 족장시대부터는 관심을 갖지만 12장 이전의 역사적 기록에는 그리 관심이 없다.

그래서 이 글에서는 창세기 12장 이전의 역사적인 사건, 그 중에서도 특히 노아시대 대홍수 사건이 창조과학에서 얼마나 중요한 역사적 사건인지를 다시 한번 강조하며, 노아홍수와 관련된 많은 의문들에 대해 그 속에 숨겨진 많은 과학 이야기를 통해 그 비밀을 풀어가려고 한다.

1992년은 저자가 대덕연구단지에 있는 한국해사기술연구소(현재 한국선박해양플랜트연구소)에 연구원으로 재직하고 있을 때이다. 나는 모태신앙으로 큰 이탈없이 신앙생활을 하며, 대학원을 졸업하고 연구소에서 일을 하게 되었다. 1992년 (사) 한국창조과학회에서는 노아 방주에 대한 안전성을 과학적으로 실험/평가를 하고자 연구소에 프로젝트를 의뢰하여 왔다. 한국해사기술연구소는 세계 최고의 선박 건조 기술을 보유한 대한민국의 유일한 선박 기술 전문 정부출연연구소로서 선박의 성능과 안전성을 시험하기 위한 국제적 규모의 공인된 대형수조(길이 200m)와 과학적인 실험장비를 보유하고 있는 연구소로서 이 시험 시설에서 선박의 성능과 안전성이 인정되면 과학적으로 세계적인 공인을 얻게되는 매우 중요한 실험 시설이다. 그 당시 한국창조과학회가 의뢰한 프로젝트의 규모는 한국창조과학회로서는 그 당시 엄청나게 많은 예산을 투입하는 매우 절실한 일이었지만, 연구소의 입장에서는 다른 프로젝트들의 규모에 비하여 턱없이 적어 정상적인 연구수행이 어려운 상황 즉, 이 적은 규모의 예산으로 노아 방주의 모델을 제작하고, 많은 연구원들과 실험을 위한 전문인력을 투입하여 이 프로젝트를 수행한다는 것은 불가능한 상황이었다. 그래서 연구소 신우회에 속한 박사급 연구원들로 연구 팀을 꾸리고, 인건비를 줄이기 위해 근무시간 이외의 저녁 시간을 활용하여 연구를 수행하였다. 역사는 밤에 이루어진다고 했던가? 방주의 실험 모델도 수조를 운영하는 기능직에 계시는 분들이 재료비만을 들여 손수 제작하게 되었다.

이 프로젝트를 처음 참여하게 되었을 때는 왜 한국창조과학회가 노아 방주에 대해 이렇게 관심이 있는지 몰랐고, 창조과학에 대한 지식도 전혀 없었다. 단지 성경 창세기에 나오는 전설 같은 노아홍수 사건과 그때 만들어진 노아 방주를 조선공학적인 관점에서 세계 최초로 실험한다는 단순한 호기심만 있었다. 그러나 이 연구를 함께 시작하면서 노아시대 대홍수 사건에 대해 공부를 시작하고, 성경에 기록된 노아의 방주 실험을 위해 역사적 고증과 자료를 수집해 나가면서 왜 한국창조과학회에서 노아홍수 사건에 이렇게 관심이 있는지, 노아홍수 사건이 창조과학적 관점에서 왜 그리 중요한지, 홍수 때 하나님의 지혜와 설계로 만들어진 노아의 방주가 얼마나 안전하게 설계되었는지를 밝히는 것이 왜 그리 중요한지를 깨닫게 되었다.

저자는 이 글을 통해 노아시대 대홍수 사건이 창조과학적인 측면에서 어떤 의미를 갖는지, 이런 노아홍수 사건이 역사적인 사건이었는지 많은 증거들을 살펴보고자 한다. 또한 하나님의 지혜와 설계로 만들어진 노아의 방주가 얼마나 과학적으로 안전하게 설계되었는지를 조선공학적인 관점에서 쉽게 풀어보고자 한다. 전 지구적인 대격변(격변적 판구조론)에 대한 지질학적인 어려운 과학 이야기와 노아홍수의 역사성에 대한 어려운 신학적 해석은 다른 공저자께서 쉽게 잘 설명해 주시리라 생각하고, 이 장에서는 남녀노소 누구나 이해 가능한 수준에서 쉽게 홍수 이야기와 방주 이야기를 과학적으로 풀어보고자 한다.

아무튼 이 장에서 소개하는 노아 방주에 대한 프로젝트는 세계적으로 공인된 실험 시설에서 현대 조선공학적인 관점에서 과학적으로 연구된 세계 최초의 연구라는데 그 의의가 있다고 생각 된다.

2

노아 홍수 속 과학 이야기

패러다임의 전쟁

패러다임이 무엇인가? 사전에서 '패러다임'이라는 단어를 찾아보면 '어떤 한 시대 사람들의 견해나 사고를 근본적으로 규정하고 있는 테두리로서의 인식의 체계. 또는 사물에 대한 이론적인 틀이나 체계'라고 정의하고 있다. 생명의 기원이나 지질학 측면에서의 지층과 화석 등을 이해하는 패러다임은 크게 진화론적인 패러다임과 창조론적인 패러다임으로 나뉜다고 할 수 있다. 패러다임은 쉽게 말해 우리가 어떤 사물을 보는 관점이라고 할 수 있다. 지금까지 우리는 과거 중세 이후 18세기 계몽주의를 거치면서 과거 신본주의에서 벗어나 인본주의자들의 잘못된 해석으로 인간 중심의 과학 우위의 흐름으로 바뀌면서 모든 것을 과학 (이성)으로 설명할 수 있다고 주장하였다. 그러나 이들도 한가지 해결할 수 없는 것이 있었다. 그것은 생명의 기원에 관한 문제였다. 생명의 기원에 관해서는 어떤 것도 관찰된 일이 없고, 누구도 실험할 수 없기 때문이다. 이러한 시점에서 19세기 다윈의 '종의 기원'을 통해 진화론이 주류 과학이 되는 계기가 되었던 것이다. 그러나 다윈이 본 것은 생물의 진화를 본 것이 아니라 갈라파고스에서의 생물의 다양성을 본 것에 불과했다. 이러한 진화론적 패러다임이 세상의 주류 과학이 되면서 이를 설명하기 위해 '긴 시간의 개념'이 필요했던 것이다. 사실 찰스 다윈의 종의 기원을 기초로 한 진화론은 1833년 찰스 라이엘이 주장한 지질학의 원리인 '동일과정설'에 영향을 받았다고 할 수 있다. 1831년 25세의 영국 청년 찰스 다윈은 비글호를 타고 5년간 세계를 항해하였고, 찰스 다윈은 비글호에서 찰스 라이엘의 책 '지질학의 원리'에 심취해 있었다고 한다. 찰스 라이엘의 동일 과정설을 통한 오래된 지구의 개념이 정립되면서 이를 바탕으로 찰스 다윈이 1859년 종의 기원을 통한 '진화론'을 주장할 수 있었다.

우리는 지금까지 이러한 진화론적 패러다임 속에서 생명의 기원을 이해하고, 지층과 화석이 오랜 시간 속에서 형성되었다는 전제하에서 모든 세상을 이해하고 바라보아 왔다. 그렇기 때문에 이 세상은 그렇게 오랜 시간 동안 조금씩 조금씩 변화되어

노아 홍수와 방주

왔을 것이라고 당연히 믿고 있다. 이것이 패러다임이다.

　간단한 예를 하나 들어보자. 여기 10센티미터 정도의 연필이 있다고 생각해 보자. 우리는 1센티미터의 기준이 얼마인지 이미 정해진 잣대가 있기 때문에 우리 모두는 그 연필의 길이를 10센티미터라고 한다. 그런데 어느 한 사람이 갑자기 나타나 그 연필은 1센티미터라고 주장을 했다. 그러면 그 사람 이외의 대부분의 사람들은 저 사람 제정신이 아니라고 이야기할 것이다. 그러나 그 사람은 자기 나라에서는 우리가 알고 있는 10센티미터의 길이가 1센티미터이기 때문에 그 연필의 길이는 세상이 두 쪽이 나도 1센티미터인 것이다. 어떻게 보면 이것이 패러다임인 것 같다. 보는 관점(잣대)이 다른 것이다. 우리는 지금까지 생명의 기원이나 세상의 현상(지층이나 화석 등)을 오랜 시간의 관점, 즉 진화론적인 패러다임으로 이해해 왔기 때문에 그렇게 보이는 것이다. 그러나 동일한 상황을 창조론적 패러다임으로 바라보게 되면 전혀 다르게 이해할 수 있게 된다. 우리는 지금까지 역사적인 많은 사건 속에서 교육을 통해 자연스럽게 진화론적 패러다임을 강요받아 왔고, 어떻게 보면 그것이 당연한 진리라고 생각하면서 살아왔다. 그러나 우리의 시각(관점)을 조금만 바꾸면, 다시 말해 우리의 패러다임을 바꾸면 동일한 세상이 전혀 다르게 보여질 수 있다.

　노아시대 대홍수 사건은 우리의 패러다임을 진화론적 패러다임에서 창조론적 패러다임으로 바꿀 수 있는 매우 중요한 사건이다. 그러기 때문에 한국창조과학회에서 노아 방주에 대한 실험도 하고, 노아 홍수에 대한 지질학적 이해를 위한 연구도 하고 있는 것 같다.

우리는 모든 영역에서 패러다임의 전쟁 속에 살아가고 있다. 나는 여러분이 노아 홍수에 대한 역사성과 의미, 노아 방주의 과학적 해석을 통해 조금이나마 패러다임의 전환이 되기를 기대해 본다.

노아시대 대홍수 사건은 창조론적 패러다임으로의 전환을 위한 첫 번째 열쇠이다.

노아홍수와 방주에 대한 질문들

어릴적 성경 창세기에 나오는 노아 할아버지는 대단한 인물이었다. 잘은 모르지만 그 엄청난 홍수를 이겨내며 살아남았고, 그 엄청난 방주를 지은 대단한 분으로 알고 자라왔던 것 같다. 그러나 나이가 들어가면서 이런 성경의 이야기들이 '정말 사실일까?' 하는 의문이 생기기 시작했다. 교회에서 이런 여러 가지 의문들에 대해 목사님이나 전도사님들에게 많은 질문을 했었던 것 같다.

그러나 대부분의 대답은 "야! 그냥 믿어."뿐이었다. '왜 그냥 믿어야 할까? 좀 알고 믿으면 좋겠는데'라고 생각하면서 신앙생활은 했지만 아무도 이것에 대한 답변을 주지 못했다. 저자는 이 글에서 어릴적 생각했던 많은 의문들에 대해 나열해 보고, 노아 방주 안전성 평가 프로젝트에 참여하면서 창조과학에 대한 지식들을 통해 이러한 의문들을 하나하나 풀어 가면서 설명을 하고자 한다.

첫 번째, 어떻게 전 세계적인 홍수가 가능했을까?

지금도 특정 지역에서의 대홍수는 빈번히 일어나고 있다. 인도, 중국 등지에서 엄청난 규모의 홍수로 인해 많은 인명 피해를 입고 있다. 이렇게 국지적인 특정 지역에서의 홍수는 가능하지만 성경(창세기)에서는 전 지구적인 대홍수를 말하고 있다. 창세기 7장 11절에서는 '그 날에 큰 깊음의 샘들이 터지며 하늘의 창이 열려 사십 주야를 비가 땅에 쏟아졌더라.' 7장 19절에는 '물이 땅에 더욱 창일하매 천하에 높은 산이 다 덮였더니'라고 기록하고 있고, 7장 22절에는 '육지에 있어 코로 생물의 기식을 호흡하는 것은 다 죽었더라'라고 기록하면서 전 지구적인 단번의 홍수를 말하고 있고, 모든 코로 숨 쉬는 생물들이 죽었다고 기록하고 있다.

두 번째, 대홍수 이후 살아남은 노아의 가족 8명이 어떻게 현재의 인구를 형성할 수 있을까?

성경에는 노아 홍수로 인해 노아의 가족, 즉 노아와 그의 아내, 노아의 아들 3명, 그리고 노아의 자부 3명 등 8명만이 살아남은 것으로 기록하고 있다. 시간적으로 노아 홍수 이후 약 4,500여 년 만에 이 지구상의 엄청난 인구를 형성할 수 있을까?

세 번째, 어떻게 모든 종류의 동물을 방주로 모을 수 있었을까?

전 지구적인 홍수를 앞두고 이 동물들을 홍수로부터 보존하기 위하여 성경에서는 모든 동물들이 '종류대로' 방주에 탔다고 기록하고 있다. 창세기 7장 14절에서는 "모든 들짐승들이 그 종류대로, 모든 육축이 그 종류대로, 땅에 기는 모든 것이 그 종류대로, 모든 새가 그 종류대로" 모든 코로 숨 쉬는 동물은 방주에 탔고, 창세기 7장 15절에서는 "무릇 기운이 있는 육체가 둘씩 노아에게 나아와 방주로 들어갔으니"라고 기록하고 있다. 이 세상에 흩어진 다양한 동물들을 어떻게 노아는 방주로 종류대로 모을 수 있었을까?

네 번째, 엄청난 수의 동물이 어떻게 방주 안에 탈 수 있었을까?

이 세상의 그 많은 동물을 종류대로 암수 한 쌍씩 태워야 하고, 성경에서는 정결한 짐승은 암수 일곱씩 방주에 탄 것으로 기록하고 있다. 방주가 얼마나 크길래 이 엄청난 수의 동물들을 수

용할 수 있었을까?

다섯 번째, 홍수기간(약 1년) 동안 동물들의 식량과 배설물을 어떻게 처리할 수 있었을까?

　홍수 기간은 약 1년 10일 정도로 기록하고 있다. 이러한 긴 시간 동안 방주 안에서 많은 동물을 먹여야 하고, 8명의 노아 가족이 이 수많은 동물들의 배설물을 처리해야 했다. 정상적인 상황에서 어떻게 8명의 가족이 그 많은 동물을 돌볼 수 있었을까?

여섯 번째, 방주는 엄청난 파도와 해일 속에서도 안전했을까?

　성경의 기록에 의하면 그냥 비가 왔다고 기록하고 있지 않다. 창세기 7장 11절에는 "그 날에 큰 깊음의 샘들이 터지며 하늘의 창이 열려 사십 주야를 비가 땅에 쏟아졌더라."라고 기록되어 있다. 이것은 단순한 하늘에서 쏟아지는 비만을 의미하는 것이 아닌 것 같다. '큰 깊음의 샘들이 터지며'라는 것은 화산이 폭발하고 지하수가 터져 나오며 엄청난 전 지구에 걸친 조산운동이 일어난 것을 단적으로 표현한 것으로 보인다. 즉, 단순한 비에 의한 홍수가 아니라 전 지구적인 대격변을 의미하고 있다. 이러한 엄청난 파도와 해일 속에서도 방주가 과연 안전했을까?

　현대 과학적(조선공학적 관점)으로 배가 안전하기 위해서는 세 가지의 조건을 만족해야 한다.

구조적 안전성, 복원 안전성, 내항성능이 그것이다. 쉽게 설명하면, 구조적인 안전은 한마디로 배가 외부의 환경(파도)에서도 부러지지 않아야 한다는 것이다. 복원 안전성은 배가 파도나 바람에 흔들리지만 옆으로 기울어졌다가도 제자리로 돌아오려고 하는 성질을 말한다. 세월호 사건이 선박이 갑작스러운 외부 요인에 의해 복원성을 잃어 전복된 것으로 보고 있는 시각도 있다. 마지막으로 아무리 배가 안 부러지고 복원성이 좋다고 하더라도 파도가 거세면 배의 움직임이 심해져 배를 타고 있는 사람이 쾌적함을 느끼지 못하고 멀미를 하거나 항해를 오래 지속할 수가 없다. 이것의 지표가 선박의 내항성능이다. 현대 과학적으로 이 세 가지의 조건을 모두 만족할 때 선박이 안전하다고 말한다. 여기서 언급하게 될 노아 방주에 대한 연구는 이러한 세 가지 관점에서 세계적으로 공인된 실험 시설에서 시험된 세계 최초의 연구라는데 큰 의의가 있다고 할 수 있다.

마지막으로 일곱 번째, 창세기의 900세 이상의 장수 기록을 어떻게 설명할 수 있을까?

성경의 창세기는 왜 사람의 900세 이상의 장수기록을 써 놓았을까? 누가 봐도 이것은 전설이나 설화로 여겨질 것이 뻔한데 왜 이런 기록을 하였을까? 뭔가 신비롭게 하려면 200세 정도만 했어도 믿기에 쉬웠을 텐데 말이다. 그것은 사실이기 때문에 기록되었을 것이다. 노아시대 대홍수 사건이 설명되면서 이 말도 안될 법한 장수 기록이 풀리게 될 것이다.

여기서는 이러한 질문에 대해 하나하나 풀어가며, 노아홍수 속에 나타난 풀리지 않았던 의문의 사실들과 노아 방주 속 과학적 이야기를 해 나가려고 한다.

노아 홍수의 중요성

성경 창세기에 기록된 노아 홍수는 정말 역사적인 사건일까? 노아 홍수가 어떤 의미를 가지고 있길래 창조과학에서는 이를 매우 중요한 사건으로 받아들이고 있는가? 앞에서도 언급하였듯 저자가 한국해사기술연구소 재직 당시 (사)한국창조과학회로부터 노아 방주의 안전성 평가 프로젝트를 의뢰받았을 때만 해도 왜 한국창조과학회가 이렇게 노아 방주에 관심이 있는지를 알지 못했다. 아래에 언급한 노아 홍수의 중요성에 대해 알게 되면서 그 이유를 알게 되었다. 성경의 기록이 역사적인 사건 자체로 받아들이는 것도 물론 중요하지만, 특히 두 번째에서 언급할 중요성은 창조과학에서 노아시대 대홍수가 어떤 의미이고, 이것이 역사적인 분명한 사건이었다는 것과 그때 하나님의 지혜와 설계로 만들어진 노아의 방주가 얼마나 현대 과학적으로도 안전하게 설계되었는지를 평가하는 것은 매우 의미 있는 사실이라는 것을 깨닫게 되었다.

첫 번째, 성경적으로 매우 중요한 사건

현대 과학주의, 이성주의가 중요시되면서 성경 말씀을 말씀 그대로 받아들이지 않는 것이 현실이다. 이것은 최근 이슈화되고 있는 문자주의, 근본주의와는 다른 것이라고 생각한다. 하나님의 말씀을 말씀으로 그대로 받아들이기보다 우리의 이성, 과학이라는 이유로 교묘하게 이를 왜곡하는 많은 타협이론이 최근에 득세하고 있다. 특히 창세기의 많은 기록은 그냥 교훈을 주기 위한 비유나 설화 정도로 치부해 버린다. 우리가 타협이론에 근거하여 과학주의, 이성주의로 성경을 왜곡한다면 결국 성경 자체를 부정하거나 왜곡하게 되는 오류를 범하게 된다. 노아 시대 대홍수는 창세기에 기록된 분명한 역사적인 사건이었다는 것을 아는 것이 매우 중요하다.

두 번째, 과학적으로 매우 중요한 사건(동일과정설과 대격변설)

진화론은 현대 지질학의 주류인 동일과정설(균일설, *Uniformitarianism*)에 기반을 두고 있다.

동일과정설은 "현재는 과거를 알 수 있는 열쇠다(The present

is the key to the past)"라는 기치 아래 만물의 기원과 발달은 현재의 자연법칙이나 현재의 진행 과정과 같은 관점으로 설명될 수 있다는 가설이다. 즉 오늘날과 같은 점진적인 퇴적과 침식과정이 과거에도 동일한 속도(rate)로 있었고, 이러한 점진적인 과정에 의해 지층은 수억 년의 장구한 세월에 의해 생성되었다고 주장하며, 과거에 대격변이 일어났었다는 것을 전면적으로 부인하고 있다. 이 가설은 제임스 허튼(James Hutton)에 의해 처음 소개되어 찰스 라이엘(Charles Lyell)에 의해 일반화되었다가, 찰스 다윈(Charles Darwin)의 생각과 업적에 크게 영향을 끼쳤다. 이 학설은 현대 지질학의 근간을 이루어 왔으며, 이에 근거하여 지구의 나이가 수십억 년 되었다는 가정을 낳게 된 것이다. 쉽게 말하면 동일과정설은 과거로부터 조금씩 조금씩 변하여 현재의 모습을 갖추어야 하니 오랜 시간의 개념이 필요하게 되는 것이다.

또 하나의 이론은 대격변설(대홍수설, Catastrophism)이다. 이는 창조론에서 주장하고 있는 이론으로, 현재의 지층과 화석, 지표면의 모양은 과거에 일어난 전 지구적 규모의 대홍수와 지층의 융기와 침강과 같은 대격변에 의해 단기간에 갑작스럽게 형성되었다는 이론이다. 그러므로 지층 속에서 발견되는 화석은 진화계열과는 아무런 관계가 없으며, 단지 홍수 때 매몰되었던 순서에 불과하고, 지층은 수억 년의 장구한 세월에 걸쳐서 생성된 것이 아니라 매우 짧은 기간 안에 생성되었음을 주장한다. 이렇듯 대격변의 중심에 있었던 노아시대 대홍수 사건이 역사적인 사실이었다는 것은 매우 중요한 것이다.

대격변의 중심에 있었던 노아시대 대홍수 사건이 역사적인 사실이었다는 것은 매우 중요하다.

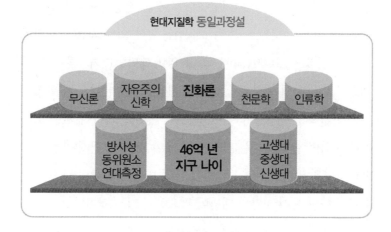

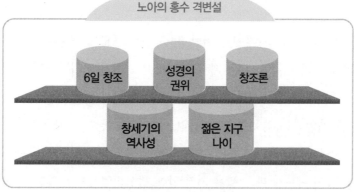

[그림] 동일과정설과 대격변설

세 번째, 예언적으로 매우 중요한 사건

　　예수님께서 장차 임할 심판에 대한 예언적 경고를 함에 있어 노아시대 대홍수 사건을 언급하고 계신다. 이는 노아시대 대홍수 사건은 하나님의 인간을 향한 심판이었으며, 분명한 역사적인 사건이었다는 것이다. 과거의 분명한 역사적 사건인 노아시대 대홍수를 통한 하나님의 심판을 통해 장차 임할 심판을 경고하고 계신다.

> "노아의 때와 같이 인자의 임함도 그러하리라. 홍수 전에 노아가 방주에 들어가던 날까지 사람들이 먹고 마시고 장가들고 시집가고 있었으며 홍수가 나서 저희를 다 멸하기까지 깨닫지 못하였으니 인자의 임함도 이와 같으리라." (마 24:37-39)

노아시대 대홍수 타임라인

노아시대의 대홍수 사건은 방주를 어떻게 지으라는 자세한 말씀과 함께(창 6:14-16), 홍수를 땅에 일으켜 하늘 아래 생명의 기운이 있는 모든 육체를 멸절하리니 땅에 있는 것들이 다 죽을 것이라고 계획을 말씀하시고, 혈육 있는 모든 생물을 각기 종류대로

1. 홍수심판이 있을 것을 말씀하시다	6:17
2. 노아와 언약을 맺으시다	6:6; 18-20
3. 방주에 들어가라고 명하시다 (노아 600세 되던 해 2월 10일)	7:1-3
4. 7일간 홍수 시작을 기다리다 (2/10-2/17)	7:4-5
5. 40일간 비가 내리다 (2/17-3/27)	7:17a
6. 물이 점점 불어나다	7:17b-18
7. 천하의 모든 산이 물로 덮이다	7:19-20
8. 150일간 물이 땅에 넘치다 (2/17-7/17)	7:21-24
9. 하나님이 노아를 기억하시다	8:1
8'. 150일간 물이 줄어들다 (7/17-12/17)	8:3
7'. 산들의 봉우이가 보이다 (10/1)	8:4-5
6'. 물이 점점 줄어들다	8:5
5'. 40일이 지나 새들을 날려보다 (11/11)	8:6a
4'. 물이 줄었는지 알기 위해 7일간 기다리다	8:12-13
3'. 방주에서 나오라고 명하시다 (노아 601세 되던 해 2월 27일)	8:15-17, 22
2'. 모든 사람과 생물들에게 언약을 세우시다	9:8-10
1'. 다시는 이런 물심판이 없을 것이라 말씀하시다	9:11-17

[그림] 노아홍수 타임라인

방주에 이끌어 들여서 그 생명을 보존하라고 말씀하시면서 먹을 모든 양식까지 준비하라고 자세히 일러 주셨다고 기록하고 있다. 노아와 그의 아들 셈, 함, 야벳과 그의 아내와 세 며느리로 구성된 8식구들과 혈육 있는 모든 생물을 각기 종류대로 부정한 짐승들은 암수 한 쌍씩, 정결한 짐승과 새는 암수 일곱 쌍씩 방주에

노아 홍수와 방주

타고 일주일을 기다리면서 시작되었다.

이 사건에 대한 시간에 관한 자세한 정보(창 7:10-8:19)는 매우 놀라울 정도로 자세하고 사실적으로 기록하고 있다. 먼저 창세기 5장의 족보를 계산해보면 노아의 홍수는 노아가 600세 되던 해, 창조 후 1656년 (지금으로부터 약 4,500여 년 전)에 발생하였음을 알 수 있다. 성경의 기록은 "아주 먼 옛날에"가 아니다. 창세기 7장에서는 "(1절)방주로 들어가라, (4절)지금부터 칠 일이면… 비를, (11절)노아 육백 세 되던 해 이월 곧 그 달 십칠 일이라. 홍수가 땅에 사십 일을 있었는지라 [2월 17일~3월 26일], (24절)물이 일백오십일을 땅에 창일하였더라.", 창세기 8장에서는 "(3절)물이 … 점점 물러가서 일백오십 일 후에 감하고, (4절)칠월 곧 그 달 십칠 일에 방주가 아라랏산에 머물렀으며 [7월 17일], (5절)시월 곧 그달 일 일에 산들의 봉우리가 보였더라 [10월 1일], (6절)사십 일을 지나서 노아가 그 방주에 지은 창을 열고 (7절)까마귀를 내어 놓으매 [11월 11일], (8절)그가 또 비둘기를 내어 놓아 [11월 11일], (10절)또 칠 일을 기다려('훌', 불안한 기다림) 다시 비둘기를 방주에서 내어 놓으매 [11월 18일], (12절)또 칠 일을 기다려('야할', 기대에 찬 희망의 기다림) 비둘기를 내어 놓으매 [11월 25일], (13절)육백일 년 정월 곧 그달 일 일 [1월 1일]에 지면에 물이 걷힌지라 노아가 방주 뚜껑을 제치고 본즉 지면에 물이 걷혔더니 (14절)이월 이십 칠 일 [2월 27일]에 땅이 말랐더라

··· (16절)너는 ··· 방주에서 나오고"라고 자세하게 군작전 상황일 지처럼 시간개념을 철저히 기록하고 있다. 그러므로 한 달이 30일이면 홍수 일주일 전에 방주에 들어갔으므로 방주에 있는 기간은 총 377일 정도가 된다.

뿐만 아니라, 정결한 짐승과 부정한 짐승과 새와 땅에 기는 모든 것들이 방주로 들어가는 모습까지도 상세히 기록하였으며, 모두가 다 타고 나서 마지막으로 노아를 들여보내시고 하나님 께서 문을 닫으셨다고 자세히 기록하고 있다(창 7:16). 또한 물이 차오르는 상황과 배가 물에 떠오르고, 땅 위에 움직이는 생물이 다 죽어가는 과정, 물이 차올라서 얼마를 지내면서 어떻게 변화 되었는지, 언제 어디에 어떻게 방주가 닿아서 얼마나 기다려서 어떤 과정을 거쳐 까마귀를 내보내서 확인하고 비둘기를 내보내 서 어떻게 확인하고, 심지어 불안한 기다림(창 8:10, '훌')과 희망 의 기다림의 단어(창 8:12, '야할')를 명확히 구분하여 심경을 묘사 하면서 다시 땅에 내리게 된 경위를 상세하고 생생하게 기록하 고 있다.

그런데 창세기 노아시대 대홍수 사건은 창세기 6장부터 9장까지 하나의 단일 사건으로는 이례적으로 매우 자세하게 기록 하고 있다. 왜 성경은 대홍수 사건을 이렇게 구체적으로 기록하 고 있을까? 만일 이것이 역사적인 사건이 아니었고 단순히 설화 라면 이렇게 구체적으로 기록했을까? 이 사건이 설화였다면 '옛

날 오래 전에 노아라는 의로운 사람이 살았는데 하나님의 말씀을 따라 방주를 지어 홍수 기간 동안 안전하게 잘 살아남아 잘 먹고 잘 살았다.' 이 정도로 믿거나 말거나의 기사로 기록하지 않았을까? 이렇게 성경이 노아시대 대홍수 사건을 구체적으로 기록하고 있는 것은 이 사건이 '역사적인 사건'이었다는 것을 분명히 말하고 싶은 것 같다.

노아의 방주 개요

방주(方舟)가 무엇일까? 배와 방주는 같은 것인가? 보통 방주는 일반적인 배(船舶, Boat/Ship)와는 달리 영어로는 'Ark'라고 부른다. 방주(Ark)는 사전적인 의미로는 '네모진 모양의 배'를 특별히 방주라고 부른다. 출애굽기 2장 3절에서 모세를 '갈대 상자'에 넣어 나일강에 띄워 보내는 내용에서 사용된 '갈대 상자'도 영어 성경에서는 'Ark'라고 기록하고 있다. 그러나 이러한 사전적인 의미에 있어 방주와 배의 차이점 말고, 조선공학적 관점에서의 방주와 배의 차이점은 두 가지가 있다. 첫째, 방주는 배와는 달리 스스로 움직일 수 있는 추진 능력이 없다는 것이다. 프로펠러가 있어 추진된다든지 하다못해 노(櫓)가 있어 열심히 저어서 추진한다든지하는 추진 능력이 없다는 것이 첫 번째 특징이다. 둘째,

방주는 배와는 달리 방향을 조종하는 장치인 키가 없다. 일반적으로 배는 키가 있어 키를 돌릴 때 배의 아래 맨 끝에 장착된 러더(Rudder)가 좌우로 움직이면서 배의 방향이 조타 된다.

방주는 말 그대로 스스로 움직이지 못하며 물에 떠 있는 매우 단순한 부유체에 불과하다. 여기에서 심각한 딜레마에 빠지게 된다. 하나님의 지혜와 설계로 만들어진 노아의 방주인데 하나님은 왜 이런 방주를 지으라고 하셨을까? 창세기 6장 14절부터 살펴보면 하나님께서 구체적으로 방주를 어떻게 지어야 할 것인지를 말씀하신다. 길이는 300 규빗으로 하고, 문은 어떻게 내고, 3층으로 만들고, 역청으로 안팎에 칠하고, 등등. 하나님은 너무나 구체적으로 노아에게 지시하신다. 이렇게 하나님의 지혜와 설계로 노아의 방주를 짓게 하셨는데 왜 이런 배로서 아무런 기능이 없는 단순히 떠 있는 방주를 만들라고 하셨을까? 나는 이것에 대해 오랫동안 묵상한 적이 있다. 그래서 내린 결론은 '이것이 하나님의 마음이다'라는 것이다. 하나님께서 원하신 것은 노아와 가족들에게 '너희가 스스로 아무것도 할 수 없다. 하나님께서 하시는 구원의 역사를 방주 속에서 잠잠히 바라보며 기다리는 것이다'라는 분명한 메시지를 주시는 것 같다. 우리의 구원이 그런 것 같다. 우리의 힘으로, 열심으로 이루어지는 것이 아니다. 전적인 하나님의 은혜이고, 우리는 잠잠히 하나님의 구원의 역사를 보며 감사하고 기뻐하는 것이 아닌가 한다. 노아의 방주를

노아 홍수와 방주

통해 하나님의 은혜를 경험하게 된다.

방주는 배와는 달리 스스로 움직일 수 있는 추진 능력이 없으며, 방향을 조종하는 장치인 키가 없다.

방주는 우리를 향하신 하나님의 마음이다.

앞에서도 언급하였듯이 방주는 네모 상자형의 배를 말한다. 방주는 아래 그림과 같은 형상을 가진 거의 직육면체의 배로 알려져 있다. 출입구가 방주의 측면에 하나 정도 있는 것으로 추정하며, 특별히 창문은 없고, 방주 내의 공기 순환을 위한 환기구(Ventilating Opening) 정도가 방주의 상부에 나 있는 것으로 추정된다.

방주는 3층 구조로 되어 있으며, 방주의 겉과 안쪽에 역청을 발라 나무가 썩는 것을 방지하고, 방주 속으로 물이 새어 들어오지 않도록 하는 방수 역할을 한 것으로 추정된다. 어린이들에게 가끔 이런 것을 질문해 본다. 방주가 3층 구조로 만들어져 있다고 하는데, 공룡은 1층에 탔을까 3층에 탔을까? 물론 1층에 탔을 것으로 생각된다. 왜냐하면, 무거우니까. 무거운 화물은 아래에 실어야 방주의 무게 중심이 낮아지고, 무게 중심이 낮아지면 복원성(Stability)이 좋아진다고 할 수 있다.

[그림] 방주의 형상

방주는 길이가 300 규빗, 폭이 50 규빗, 높이가 30 규빗의 규모
로 만들라고 창세기 6장 15절에 기록되어 있고, 이는 1 규빗을
어른 손끝에서 팔꿈치까지 정도의 길이(약 45센티미터)라고 보면,
길이가 135m, 폭이 22.5m, 그리고 높이가 13.5m 정도라고 할
수 있다. 방주의 재질은 고페르나무(개역개정에는 잣나무로 번역됨)
로 만들었으며, 현대 조선공학적으로 보면 21,000톤 규모의 배
수량을 가지고 있는 꽤 큰 규모의 방주라고 할 수 있다. 물론 현
대 조선 기술이 엄청 발달하여 최근 들어서는 30만톤 이상의 대
형 선박을 만들어내고 있지만, 이 당시의 조선 기술로 21,000톤
규모의 방주가 만들어졌다는 것은 매우 놀라운 사실이라 할 수
있다.

　이렇듯 아래 그림과 같이 방주의 길이가 월드컵 축구경기

　　　　　　노아 홍수와 방주

장보다 훨씬 더 긴 매우 큰 규모로 건조되었다.

[그림] 방주의 크기

하나님께서는 방주를 만드는 데 있어 우리가 생각하는 것보다 훨씬 더 세밀하게 노아에게 말씀 하셨다.

> "거기 창을 내되 위에서부터 한 규빗에 내고 그 문은 옆으로 내고 상 중 하 삼 층으로 할찌니라." (창 6:16)

한국창조과학회 홈페이지의 자료실에 있는 이재만 선교사님의 글[1]에 의하면 하나님께서는 방주의 규모만을 말씀해 주신 것이 아니라 좀 더 세밀하게 통풍을 위한 창을 어떻게 만들 것을 말씀하신다. 위에서부터 한 규빗에 창을 내라고 하셨다. 즉 이 창을 통해 노아의 가족과 방주에 탔던 동물들이 맑은 공기를 공급받는 통로가 되었을 것이다. 방주에는 많은 동물들의 호흡과 체온을 통해 실내 공기와 온도가 적절히 유지해야 할 필요성이 있었을 텐데 이 창은 이들을 위한 효과적인 장치이었던 것 같다.

또한 노아 홍수 기간에 바람의 세기도 실내 공기와 온도에 영향을 주었을 것이다. 물이 감할 때 바람으로 감하셨다(창 8:1)고 기록하고 있는 것으로 보아 바람이 홍수 당시에 매우 거셌음을 짐작하게 하며 이는 이 창들을 통한 적절한 공기의 유입을 가능하게 한다. 또한 방주는 농구장처럼 단층이 아니라 삼 층으로 지으라고 하셨다. 이는 경제적으로 실내를 이용할 수 있도록 설계하셨음을 보여준다. 방주는 아주 정확하고 자세하게 기록되었다. 만약에 모세가 노아 홍수를 자신이 지어서 하나의 상징으로 또는 신화로 수록하였다면 방주에 대하여 크기, 내부 구조, 창, 재료, 방수 처리 등 그렇게 자세히 적을 필요가 있었을까? "모세를 믿었더면 또 나를 믿었으리니 이는 그가 내게 대하여 기록하였음이라. 그러나 그(모세)의 글도 믿지 아니하거든 어찌 내(예수님) 말을 믿겠느냐?"(요 5:46-7). 창세기를 사실로 믿는 것은 예수 그리스도의 복음이 사실임을 믿는 초석이 된다고 예수께서 직접 말씀하셨다.

이렇듯 방주는 매우 세밀한 것까지 고려하여 설계된 하나님의 계획된 실존하는 구조물이었음을 알 수 있다.

방주는 하나님의 계획된 설계대로 세밀하게 건조된 실존하는 구조물이다.

노아 홍수와 방주

방주에 동물들을 종류대로?

앞서 방주의 규모와 구조(3층, 환기를 위한 창 등)에 대해 알아보았다. 방주의 규모는 축구장보다 훨씬 더 긴 매우 큰 규모로 만들어졌다고 한다. 그러나 우리가 성경에 언급된 노아홍수 사건을 읽으면서 머릿속에 지울 수 없는 하나의 의문이 있을 것이다. '이 세상에 얼마나 많은 동물이 있는데.. 방주가 큰 규모로 만들어졌다고는 하지만 이 세상의 수많은 동물들을 종류 대로, 그것도 암수 한 쌍씩과 정결한 짐승은 암수 일곱 쌍씩을 다 방주에 태울 수 있었을까?' 라는 의문을 갖게 된다.

방주에 성경에서 말하는 동물들을 모두 태울 수 있는지에 대한 대답은 많은 과학자들이 그 가능성에 대하여 이미 여러 번 계산을 해왔다. 방주에는 창조주간의 다섯째 날과 여섯째 날에 창조되었던 모든 동물이 들어간 것이 아니라 특별히 '육지의 코로 생물의 기식을 호흡하는 것(창 7:23)'만이 들어가도록 하셨다. 물고기가 들어가지는 않았다는 것이다. 그렇다면 방주에 들어간 동물들은 포유류, 조류, 파충류와 양서류 등이었음을 알 수 있다. 우리는 여기서 성경을 다시 한번 자세히 읽어보면 '종류대로'라는 단어의 반복을 볼 수 있다.[3]

하나님은 노아에게 각 종(species)대로가 아니라, 각 종류(kinds)대로 암수 한 쌍씩을(정결한 짐승은 암수 7쌍씩) 태우라고 명하셨다. 노아는 늑대, 코요테, 여우, 잡견 등을 포함할 수 있는 개 종류(dog kind) 한 쌍(2마리)을 태웠을 것이다. 이 '종류'라는 집단은 오늘날 분류학상의 아마도 과(family) 정도에 해당했을 것이며, 이것은 방주에 타야 할 동물들의 수를 매우 감소시켰을 것이다. 동물들은 홍수 이후 지난 4,400여 년 동안 많은 품종들(varieties)로 다양화되었다. 이 다양화는 진화론자들이 가르치고 있는 주장들과 유사한 것이 아니다.

오늘날 살고 있는 포유류는 3,500여 종, 조류는 8,600여 종, 파충류와 양서류는 5,500여 종 정도이다. 이들의 수는 총 17,600 종류이며 암수 한 쌍씩 방주에 들어갔을 경우 35,200 마리 정도이다. 그 동물들이 정확이 무엇인지는 알지 못한다고 하더라도 정결한 짐승은 일곱 쌍씩, 부정한 짐승은 한 쌍씩 들어간 것을 고려하면 방주에 탔던 동물들이 총 5만 마리를 넘지 않으리라는 것이 일반적인 계산이다.

그러면 이 정도 규모의 동물들을 방주에 다 태울 수 있었을까? 방주의 크기는 기차의 520개의 화물칸 정도 크기이며, 동물에는 큰 공룡에서부터 아주 작은 개미와 같이 매우 다양하다. 이러한 모든 동물의 평균 크기가 양(羊)만 하다고 가정하면 (실제로

노아 홍수와 방주

양보다 작다) 방주에는 125,280 마리의 양이 들어갈 수 있는 계산이 나온다. 선박은 화물의 부피가 중요한데 방주는 부피 기준으로 약 7만 마리의 동물을 태울 수 있는 공간이 나온다. 계산상으로도 방주의 크기는 성경에서 언급된 동물들을 태우고 남는다는 것을 알 수 있다.

수치적으로도 방주는 모든 종류의 동물들을 수용하기에 충분하다는 것을 알 수 있지만, 우리는 성경을 통해서 더 확실한 답을 찾을 수 있다. 당연히 하나님은 충분한 크기로 방주를 설계하셨을 것이며, "홍수 동안 먹을 식물을 저장하라"(창 6:22)는 말씀을 보더라도 그 내면에 방주가 동물들을 모두 태우고도 남을 충분한 공간이 있었다는 것을 암시한다.

'종류(kinds)' 라는 의미는 '종(species)'의 개념이 아니라 오늘날 생물 분류학상의 아마도 과 (family) 정도에 해당

'종류대로'의 의미를 명확히 하면 방주는 모든 동물을 종류대로 태우기에 충분하게 설계되었다.

어떻게 모든 종류의 동물들을 방주로 모을 수 있었을까?

(방주로 동물들 모으기)

노아는 어떻게 지구상에 흩어져 있는 각종 동물을 방주로 모을 수 있었을까? 문헌상의 기록을 보면 노아의 방주는 중동 티그리스강과 유프라테스강 유역의 메소포타미아 지역에 건조된 것으로 보여진다. 그러면 어떻게 노아는 남쪽 나라 호주에 살고 있는 캥거루를 데려올 수 있었을까? 어떻게 섬이나 지구 반대쪽에 사는 동물들을 방주로 데려올 수 있었을까? 또한 전 지구적인 기온차에 의한 한랭지역, 열대지역, 온난한 지역에 거주하는 동물들을 어떻게 종류대로 불러 모을 수 있었을까? 또한 이런 서로 다른 환경에 사는 동물들은 한곳에서 1년 이상 견딜 수 있었을까?

이러한 생각은 앞서 언급했던 동일과정설에 영향을 받은 결과라고 할 수 있다. 즉, 과거의 기후환경도 오늘날과 같이 지역에 따라 극심한 온도차를 보이며, 동물들도 오늘날과 같이 기후환경이 서로 다른 대륙에서 서식했다고 생각하기 때문이다. 여기서 먼저 우리가 생각하여야 할 것은 노아가 살던 시기의 기후환경과 대륙분포가 오늘날과 같지 않았다는 것이다. 수많은 동식물의 화석들이 말하고 있는 것과 같이 대홍수 전에 지구 전체는 따뜻한 아열대 기후였으며, 지역에 따른 극심한 온도차도 없었다. 북반구나 남반구에서 발견되는 동식물의 화석과 동일한

화석들이 남극에서 발견되고 있는 것이다. 남극에서 따뜻한 지
방에 살던 아열대지역 생물의 화석이 발견된다는 것은 과거에는
현재 추운 남극 지역도 따뜻한 지역이었다는 것을 말하고 있다.
또한 극 지방에서 공룡의 화석들이 발견된다는 것이다. 2004년
3월 29일자 내셔널지오그래피 뉴스에서도 남북극 지역에서 발

NATIONAL GEOGRAPHIC NEWS
REPORTING YOUR WORLD DAILY

TODAY'S BEST NEWS PHOTO
Photo in the News: L
Cooked" in Maine

News Front Page
15 Most Popular
News Stories
Photos in the News
Videos in the News
Animals & Nature News
Archaeology &
Paleontology News
Environment News
Health News
History & Culture News
Offbeat News
Science & Space News
Travel & Adventure
News

News Front Page > Dinosaurs

Polar Dinos Spotlighted in "Dinosaurs of Darkness" Exhibition

John Roach
for National Geographic News
March 29, 2004

If famed Norwegian explorer Roald Amundsen trekked across
Antarctica a few hundred million years earlier, he may never have
returned to reveal the details of the world's underside.
Cryolophosaurus ellioti might have eaten him for dinner.

The 22-foot-long (7-meter-long) carnivore with an unusual crest on its skull
was one of several dinosaurs that thrived in the extreme polar regions of
the world. Though the climate was warmer then than it is now, the
dinosaurs endured months of darkness and temperatures that plunged
below freezing.

Greenland ice core project yields probable ancient plant remains

A team of international researchers working on the North Greenland Ice Core Project recently recovered what
appear to be plant remnants nearly two miles below the surface between the bottom of the glacial ice and
the bedrock.

Researchers from the project, known as NGRIP, said particles found in clumps of reddish material recovered
from the frozen, muddy ice in late July look like pine needles, bark or blades of grass. Thought to date to
several million years ago before the last ice age during the Pleistocene epoch smothered Greenland, the
material will be analyzed in several laboratories, said researchers.

The suspected plant material under about 10,400 feet of ice indicates the Greenland Ice Sheet "formed very
fast," said NGRIP project leader Dorthe Dahl-Jensen, a professor at the University of Copenhagen's Niels Bohr
Institute. "There is a big possibility that this material is several million years old -- from a time when trees
covered Greenland," she said.

Back To
EurekAlert!

"Several of the pieces look very much like blad
said University of Colorado at Boulder geologic
White, a NGRIP principal investigator. "If confir
organic material ever recovered from a deep ic
White, also a fellow of CU-Boulder's Institute c

The ice cores in which the reddish material wa
expected to help researchers determine what
the past 123,000 years.

[그림] 내셔널지오그래피 뉴스 기사

견된 공룡화석을 보도하고 있다. 이는 과거 남북극 지역이 춥지 않았음을 암시하고 있다. 현재 북극 얼음으로 덮여있는 그린란 드 얼음층 아래 3.2Km 깊이의 기반암과 얼음층 사이에서 솔잎, 풀, 나무껍질 등의 식물의 잔해가 발견되었다는 것은 이러한 추운 북극 지방도 과거에는 따뜻한 지역이었음을 말해주고 있다.

태초에 하나님께서 세상을 창조하시면서 계속 반복되는 말씀이 '보시기에 좋았더라'이다. 하나님께서 창조하신 이 땅을 하나님이 보시기에 좋을 만큼 너무나 이상적인(ideal) 지구의 모습으로 창조하신 것이다. '보시기에 좋았더라'를 반복하신 후에 창세기에서는 이러한 창조시대의 초기 지구에 대해 "안개만이 올라와 온 지면을 적셨더라"(창 2:6)라고 언급하고 있다. 여기서 '안개'는 우리가 알고 있는 Fog의 안개가 아니라 'Streams'로 표현하고 있다. 이는 이 땅을 촉촉이 적시는 수증기 또는 물줄기로 이 지구가 너무나 온화하고 평온한 이상적인 환경이었음을 말하고 있다.

　　홍수 이전, 즉 하나님께서 이 땅을 창조하셨을 때 창세기 2 장 5절에서는 "여호와 하나님이 이 땅에 비를 내리지 아니하셨고"라고 언급된 것처럼 홍수 이전에는 이 땅에 비가 내리지 않았을 것이라고 말하는 사람도 있다. 비가 내리지 않았더라고 "안개만이 올라와 온 지면을 적셨더라"와 같이 온 땅을 평온하게 촉촉이 적셔주었다는 것이다.

과학적으로도 이것이 타당하다고 볼 수 있는데, 홍수 이전 지구의 기온은 온화하고 극지방이나 어디나 큰 차이가 없었다면 지역별로 기압차가 없고, 기압차가 없으니 바람의 이동도 별로 없고 비도 내리지 않았다는 것이다. 어떻게 보면 그 당시 노아에게 하나님께서 홍수에 의한 대심판을 말씀하시면서 방주를 만들라고 했을 때 노아가 이를 믿고 순종했다는 것은 엄청난 큰 믿음이었다고 할 수 있을 것이다.

홍수 이전 이렇게 전 지구가 온화하고 따뜻하며, 이상적인 환경을 갖출 수 있었던 것은 창세기 1장 6-7절에서 언급되고 있는 '궁창 위의 물'의 역할이 큰 것으로 볼 수 있다. '궁창 위의 물'에 대해서는 이 본문 뒤 창세기 장수기록과 홍수의 근원이 된 물을 언급할 때 자세히 설명하겠지만 궁창 위의 물이 우주로부터 지구에 도달하는 많은 우주방사선 중에서 사람의 노화를 촉진시키고 피부암을 촉발하는 자외선, X-선과 같은 고주파 방사선은 반사해 우주로 돌려보내고, 태양열과 같은 저주파 방사선은 흡수시켜 지구 전체를 따뜻하게 만드는 온실효과(Greenhouse Effect)를 만들어내게 되는 것이다.

홍수 이후 이러한 궁창 위의 물이 사라지고 지구의 이상적인 환경이 깨어지면서, 창세기 8장 22절에서 홍수 후에 추위와 더위가 생겨났다고 기록하고 있다.

이것이 사실이라면 모든 동물들은 지역에 상관없이 섞여 살 수 있었기 때문에, 자기가 살던 지역과 방주가 있던 지역과의 기후 차를 극복할 필요가 없어지는 것이다. 또한 대륙도 하나로 붙어 있었고, 대륙 사이의 바다나 높은 산맥들은 홍수 후에 생성되었다고 생각되기 때문에, 바다나 높은 산맥들은 동식물들을 데려오는데 장벽이 되지 않았을 것이다. 성경 창세기 1장 9~10절에도 천하의 물은 한 곳에 모여 있었기 때문에 땅도 이어져 있었음을 나타내고 있다.

'격변적 판구조론'에 대해서는 한국창조과학회 이동권 박사의 글에서 자세하게 언급하겠지만 대륙이 과거에 하나로 붙어 있었다는 것은 여러 증거가 있는데, 먼저 남, 북아메리카의 동부 해안과 아프리카, 유럽의 서부 해안의 해안선이 조각 맞추기처럼 맞아 떨어진다는 것이다. 그리고 아프리카 남부와 마다가스카르섬 및 남아메리카의 브라질에서 아르헨티나에는 빙하의 흔적들과 빙하가 운반해온 티라이트라는 암석과 소철 무리인 Glossopteris 등의 식물이 같이 분포되어 있는 것이다. 그리고 남아프리카 공화국에 다이아몬드가 많이 생산되는데 남아메리카의 남단 지역도 다이아몬드 광산이 있다는 것이다. 지질학에서도 지구의 육지가 한때는 초대륙으로 한 덩어리였다는 판게아 이론이 널리 알려져 있는데, 1910년대 독일의 베게너는 이것을 근거로 대륙

이동설을 주장하였던 것이다. 홍수 후 엄청난 대륙들의 이동이 시작되었고, 융기와 침강을 동반한 엄청난 지질학적 격변들이 일어났고, 산맥과 해구들이 생겨났으며, 해수면의 변동이 일어 났고, 궁창 위의 물층의 붕괴로 지역에 따른 극심한 온도차가 발생되었으며, 다른 대륙이나 섬으로 격리된 동물들은 서로 다른 열악한 환경 속에서 오랜 기간 적응하여 오늘날의 한대지역 동물, 열대지역 동물, 건조지역의 동물들이 되었다고 생각되는 것이다.

홍수 이전 지구는 하나의 큰 대륙으로 이루어져 있었으며, 전 지구적인 온화한 기온으로 동물들의 이동이 자유롭고 모든 동물들은 섞여 살았으므로 방주로 모으기에 용이했다.

'동물들을 어떻게 종류대로 방주로 모을 수 있었을까'라는 질문에 대해 지구상의 기후와 동물들의 이동 가능한 환경에 대해 살펴 보았는데, 다음으로 생각해 보아야 할 것은 노아의 여덟 식구는 그 많은 동물들을 어떻게 다 방주로 모을 수 있었을까 하는 점이다. 이 문제도 조금만 깊게 생각하여 보면 가능성을 확인할 수 있다. 먼저 동물을 데려오는 사람들이 8명보다 많았을 가능성이 높다. 창세기에 기록된 사람들은 대부분이 족장들이다. 노아도 족장일 가능성이 높다. 그렇다면 거대한 방주도 많은 사람들을 동원하여 일사불란하게 지었을 가능성이 있고, 수많은 동물들도 많은 사람을 동원하여 데려올 수 있었을 것이다. 또한 족장이 아니더라도 거대한 방주를 지을 만큼 재력이 있었다면 동물들을 사거나 인부들을 동원하여 모을 수 있었을 것이다. 그리고 노아는 방주 근처에 거대한 동물원이나 동물 격리장소를 만들어 방주에 태우기 전까지 상당 기간을 계류하고 있었을 가능성도 있다. 이곳에서 지켜보면서 가장 튼튼한 동물들로 선별하여 한 쌍씩 태웠을 것이다. 또한 노아는 홍수 기간 동안 동물들이 먹을 모든 식물을 네게로 가져다가 저축하라는 하나님의 명령대로(창 6:21) 식물들을 저축하면서 각 동물들의 식습성과 소비량까지도 정확하게 파악하고 있었을 것이다.

또 하나의 가능성은 하나님의 주권적인 섭리로 많은 동물들을 방주로 불러 모으셨다는 것이다. 창세기 6장 20절, 7장 9절, 7장 15절에는 동물들이 노아에게 나아와 방주로 들어갔다고 기록되어 있다. 노아가 잡으러 쫓아다닌 것이 아니라 동물들이 노아에게 나아왔다는 것이다. 성경에는 여러 군데에서 하나님이 동물들을 마음대로 움직이셨음이 기록되어 있다. 애굽의 재앙을 가져온 개구리와 파리(출 8장), 메뚜기(출 10장), 발람의 나귀(민 22:28), 요나를 삼킨 큰 물고기(욘 1:17), 다니엘을 해치지 못하게 입이 봉해진 사자(단 6:22), 엘리야에게 떡과 고기를 가져다주는 까마귀(왕상 17:6) 등. 이 경우라면 노아의 일은 매우 줄어들 수 있고 모든 동물을 방주에 태우는 일은 더욱 쉬워졌을 것이다.[4]

홍수기간 동안 방주 안의 동물들

성경의 기록대로라면 홍수 기간은 1년 10일 정도로 매우 긴 기간이다. 이런 긴 기간 동안 노아의 8명의 가족이 그 많은 수의 동물들을 먹이고 배설물을 치우고 하면서 방주 안에서 어떻게 돌볼 수 있었을까 라는 것도 큰 의문 중에 하나이다.

창세기 8장 1절에는 "하나님이 노아와 그와 함께 방주에 있는 모든 들짐승과 육축을 권념하사.."라고 기록하고 있다. 하나님이 특별히 생각하고 돌보셨다는 것이다.

앞서 노아 방주를 설명할 때 언급했던 방주의 구조를 다시 한번 되새겨보자. 방주는 특별히 창문이 있거나 문이 없다. 천장 아래 창문, 즉 환기구 정도가 나 있는 구조이다.

홍수 기간 동안 방주의 바깥은 계속 비가 오고(습한 상황), 방주 안은 햇빛이 많지 않은 어두운 상황이라는 것을 쉽게 알 수 있다. 이렇게 어둡고 습한 상황이 지속되면 동물들은 대부분의 시간을 잠(Hibernation)을 잤을 것이다. 대부분의 동물들에게는 특정한 환경에서 동면이나 하면을 할 수 있는 능력이 있기 때문이다.

이러한 동물들의 특성을 활용하여 하나님께서 특별히 생각하고 돌보셨을 것이다. 물론 하나님은 초자연적으로 하실 수 있는 분이지만...

　동물들이 방주 안에서 대부분의 시간을 잠을 자니 먹는 것을 최소화할 수 있고, 먹는 것을 줄이니 배설을 최소화할 수 있었던 것 같다. 그러므로 1년 10일이라는 긴 홍수 기간 동안 노아의 8명의 가족이 그 많은 동물들을 돌본다는 것은 충분히 가능하게 된다.[5]

전 세계적으로 전해 내려오는 홍수 전설들

전 세계의 거의 모든 지역에서, 원주민들의 역사나 전설에 전 지구적인 홍수 이야기가 기록되어 있다. 전 세계적으로 200여 개의 홍수 전설들이 전해지고 있다. 중국, 바빌로니아, 웨일스, 러시아, 인도, 미국, 하와이, 스칸디나비아, 수마트라, 페루, 폴리네시아 등과 같은 고대 문명들은 모두 대홍수에 관한 그들의 이야기를 가지고 있다.

　이러한 홍수 이야기들에는 앞으로 다가올 홍수에 대한 경고, 사전에 배를 만드는 것, 동물들을 싣는 일, 가족들을 모음, 물이 감퇴한 정도를 알아보기 위해 새를 보내는 것 등과 같이 성경적 내용과 일치하는 공통된 요소들이 있다. 대홍수에 관한 일관된 견해가 지리적으로 서로 멀리 떨어져 있는 지역들에서부터 압도적으로 나온다는 것은, 그것들이 모두 같은 기원(the Bible's record)에서 나왔다는 것을 암시한다. 그러나 시간이 지나면서 구두로 전해졌을 세부 내용들은 조금씩 바뀌어졌다. 또 하나 재미있는 것은 하와이의 홍수 전설에 등장하는 주인공이 '누우'이다. 그리고 중국 묘족의 홍수 설화에 등장하는 주인공은 '누아'이다. 이는 모두 '노아(Noah)'와 동일한 인물로 보인다.

전 지구적 홍수에 관한 두 번째로 중요한 역사적 증거는 길가메쉬 서사시(Epic of Gilgamesh)에 나오는 바빌로니아의 홍수 이야기일 것이다. 성경의 내용과 바빌로니아의 내용이 비교되었을 때 많은 현저한 유사성이 발견되었고, 그것은 이들 이야기가 같은 사건에 기원을 두었거나, 같이 구두로 전승되어 온 것임에 의심의 여지가 없었다.

노아시대 대홍수는 노아의 가족 이외의 세상의 모든 사람들이 죽었고, 방주의 동물들 외에는 다 멸절되는 엄청난 사건이었다. 이 사건은 노아의 가족들에게는 살아남았다는 기쁨보다는 엄청난 충격과 트라우마로 남았을 가능성이 있다. 홍수 이후 노아의 후손들이 전 세계적으로 퍼져 나가면서 이 엄청난 사건이 계속 구전되어 가면서 전 세계적인 홍수 설화가 각각 다양한 모양으로 전해지게 되었을 것이다.[6]

[그림] 전 세계적으로 전해 내려오는 홍수 설화

전 세계의 홍수 전설이 공통점을 가지고 있다는 것은 하나의 사건(노아시대 대홍수 사건)에서 유래되었음을 암시한다.

전 지구적인 대홍수의 물의 근원

과연 국지적인 홍수가 아닌 전 지구적인 대홍수가 한번에 일어날 수 있을까? 과연 이런 대홍수를 일으킬 수 있는 물은 어디에서 올 수 있었을까? 노아시대 대홍수 사건을 대하게 되었을 때 가장 중요하면서도 의문시 되는 질문이 이것이 아닐까 한다.

이 질문에 대해 성경은 창세기 7장 11-12절에서 그 답을 명확히 하고 있다.

　　　　　　　노아 홍수와 방주

"그 날에 큰 깊음의 샘들이 터지며 하늘의 창문들이 열려 사십 주야를 비가 땅에 쏟아졌더라." (창 7:11-12)

성경에는 그냥 '비가 왔다'라고 기록하고 있지 않다. "큰 깊음의 샘들이 터지고", "하늘의 창문들이 열려"라는 표현으로 그 당시 대홍수의 상황을 단적으로 표현하고 있다. 즉, 격변적 상황을 단적으로 말하고 있다고 할 수 있다. 그러면 '큰 깊음의 샘들이 터졌다'라는 표현과 '하늘의 창문이 열렸다'라는 표현은 도대체 무엇을, 어떤 상황을 설명하고 있는 것일까? 결론적으로 말하면 한국창조과학회 이동권 박사가 다루고 있는 격변적 판구조론에 의한 지구 맨틀에서의 엄청난 폭발로 인한 엄청난 조산운동과 물의 분출을 '큰 깊음의 샘들이 터졌다'는 단적인 한마디로 표현하였고, '하늘의 창문이 열렸다'라는 것은 하늘에 무엇인가 엄청난 물층이 존재했음을 말하고 있다고 할 수 있다. 이러한 땅의 물과 하늘의 물이 한꺼번에 터져 나오고 쏟아지면서 전 지구적인 홍수가 가능하게 되었다는 것이다.

큰 깊음의 샘 (Fountains of the great deep)

현대 지질학 분야에서 발견된 엄청난 발견 중의 하나는 대서양을 가로지르는 중앙해령(Mid-oceanic ridge)이다. 이 중앙해령은 대양 바닥 중앙부에 폭넓게 지형이 솟아 있는 고개이다. 꼭대기의 높이가 대양 바닥에서 2,000~4,000m에 이르는 해저 대산맥이다. 해령은 지구상의 해저를 잇는 일체의 구조이며, 그 연장을 합치면 67,000km나 된다. 해령 꼭대기 부분에는 열곡(裂谷)이라는 폭 25~50km 되는 갈라진 모양의 깊은 골짜기가 있고, 그 양쪽에는 험준한 지형이 거의 대칭적으로 펼쳐져 있다. 이 열곡에 따라 지진 활동이 집중되며 화산활동도 일어난다. 해저확장설에 따르면 해령은 지구 내부로부터 마그마가 올라오는 곳이고 열곡은 그것이 분출하는 출구에 해당하며 그곳에서 새로운 해저가 생긴다고 한다.

즉 다시 말하면, 중앙해령은 '큰 깊음의 샘'이 터져나온 엄청난 흔적이라고 할 수 있다.

1900년대 이전 대부분의 지질학자들은 대륙은 움직이지 않는다고(Stationary) 생각해 왔다. 대륙이 이동하였다고(Continental drift) 생각한 학자들은 불과 몇 명에 불과했다. 하지만 이들은 허구적 과학의 환상에 빠져있는 대다수 학자들로부터 비난당했다. 오늘날에 이르러 그 생각은 뒤바뀌었다. 즉, 대륙이동설로 통합된 판구조론(Plate tectonics)이 주도적인 이론이 되었다. 흥미롭게도 1859년 창조론자였던 **Antonio Snider**는 처음으로 창세기 대홍수 기간에 격변적으로 대륙들이 수평으로 이동하였다는 주장을 하였다. 그는 창세기 1장 9-10절에서 천하의 물이 한 곳

노아 홍수와 방주

으로 모여 있었다는 것은 하나의 땅이 존재했었다는 것을 암시한다고 해석하였다. 격변적 판구조론에 의하면, 빠르게 가라앉는 대양저의 지판들은 맨틀을 통과하는 순환적 흐름(Circular flow)을 일으키며, 거대한 스케일로 대류하는 흐름(Large-scale convection currents)을 야기시켰다. 이들 섭입되는 지각판들에 의해서 교체된 뜨거운 맨틀 암석들은 대양 가운데 지각이 갈라진 열곡대(Rift zones)로 분출되고, 그곳을 녹이고 새로운 대양저를 형성하였다. 이곳에서 흘러나온 용암들은 막대한 양의 바닷물들을 증발시켜서, 대양저 열곡대의 전체 70,000km(43,500마일)의 길이를 따라 초음속으로 분사되는 증기분출의 선형막(Linear curtain of supersonic steam jets)을 생성하였다. 아마도 이것이 창세기 7장 11절의 "큰 깊음의 샘들(Fountains of the great deep)"을 의미하는 것이었을 것이다. 이러한 초음속의 증기분출은 엄청난 양의 바닷물을 포획해서, 대기 중으로 내뿜어지게(Shoot up) 하였다. 물은 지구 위로 높이 발사되었고, 그리하여 격렬한 전 지구적인 강우가 되어 지표면으로 다시 떨어졌다. 아마도 이것은 창세기 7장 11절의 "하늘의 창들(Floodgates of heaven)"의 근원이 되었을 것이라는 주장도 있다.[7]

아무튼 큰 깊음의 샘물이 터진 사건은 전 지구적인 대격변의 중심에 있는 사건이었으며, 지구상의 대홍수를 일으킬 수 있는 물의 공급원으로 충분하며, 이러한 거대한 물과 대륙을 순식

간에 이동시키기에 충분한 에너지를 가진 사건이었다.

　　미국 국방성 핵물리학 연구소 소장인 브라운(Walt Brown) 박사의 주장에 의하면 '큰 깊음의 샘들'의 폭발의 엄청난 위력이 자그만치 수소폭탄 100억 개가 한꺼번에 터진 위력이었고, 그 힘에 의한 지구의 지각 변동때 이동된 대륙의 이동 속도가 무려

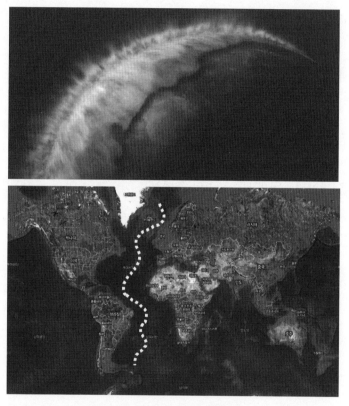

[그림] 큰 깊음의 샘물이 터진 흔적과 중앙해령

시속 70km나 되었다고 한다.

중앙해령은 전 지구적인 깊음의 샘이 터진 증거이며, 땅에서 터져 나오는 엄청난 물이 있었으며, 이 물은 지구 위로 높이 발사되어 결렬한 전 지구적인 강우가 되어 지표면으로 떨어지는 현상이 일어났다.

궁창 위의 물 (캐노피 이론, Canopy Theory)

노아 시대의 대홍수(창조 후 1656년, 지금으로부터 약 4,500년 전)는 수명감소의 원인이 되는 중요한 사건이며, 하나님께서 처음 창조하셨던 세상과 오늘날 우리가 살고 있는 세상을 구분 짓는 역사인 사건이었다.

큰 깊음의 샘이 터져 나온 것과 함께 대홍수의 물의 근원중에 또 다른 하나는 '궁창 위의 물'이라고 보는 시각도 있다. 보는 시각에 따라서는 앞서 '큰 깊음의 샘'에서 언급하였듯이 맨틀에서 뿜어져 나오는 초음속의 증기분출은 엄청난 양의 바닷물을 포획해서, 대기 중으로 내뿜어지게(Shoot up) 하였고, 이 물은 지구 위로 높이 발사되어 격렬한 전 지구적인 강우가 되어 지표면으로 다시 떨어졌다는 주장이 있다.

그러나 창세기 1장 6-7절의 기록을 보면 매우 중요한 용어가 하나 눈에 띈다. 그것은 '궁창 위의 물'이다.

"하나님이 이르시되 물 가운데 궁창이 있어 물과 물로 나뉘라 하시고 하나님이 궁창을 만드사 궁창 아래의 물과 궁창 위의 물로 나뉘게 하시니 그대로 되니라. 하나님이 궁창을 하늘이라 칭하시니라." (창 1:6-7)

그러면 여기서 말하는 '궁창'은 무엇을 의미할까? 우리말 성경에서는 '궁창'을 '하늘'이라고 말하고 있다. 그러나 영어 성경에는 '하늘'을 일반적인 Sky 등의 의미보다는 'Expense'로 표현하고 있으며, 이는 지구를 둘러싸고 있는 '대기권'을 의미한다고 볼 수 있다. 이런 의미에서는 궁창 아래의 물은 지하수, 바다, 강을 의미한다고 볼 수 있다. 그러면 '궁창 위의 물'은 무엇을 의미할까? 그 대답은 '잘 모른다'는 것이다. 왜냐하면 지금 우리가 볼 수 없으니까. 분명이 성경은 창조 당시 하나님이 궁창 위의 물을 만드셨다고 기록하고 있고, 노아시대 대홍수 때에 하늘의 창문이 열리면서 이 궁창 위의 물이 한번에 쏟아지면서 전 지구적인 홍수가 가능했다고 볼 수 있다. 궁창 위의 물은 오늘날 하늘의 구름이나 안개라기보다는 눈에 뵈지 않으면서 빛을 투과시키는 수증기였을 것이다.

그런데 만일 정말 궁창 위의 물이 존재했다면 이것이 어떤 역할을 했을까?

궁창 위의 물(수증기)은 매우 중요한 것으로서 하나님이 고

안하신 매우 특별한 옷이었다. 그 첫 번째 역할은 빛을 선별적으로 차단하는 것이다. 지구에 들어오는 빛의 대부분은 태양으로부터 오는데 인간의 눈에 보이는 가시광선 외에도 그보다 강한 자외선, 엑스선(X-ray), 감마선(우주선) 등이 있다. 이러한 빛들은 생명체 내의 세포들을 파괴시키는 빛으로서 그중 자외선은 피부 노화의 원인이 되며, 결국 사람의 수명을 감소시킨다. 이와 반대로 약한 빛인 적외선, 원적외선, 마이크로파, 라디오파 등도 있는데, 그 중에서도 원적외선은 생명체의 활성을 유지시키는 작용을 한다. 그래서 채소나 고기 등의 음식물에 원적외선을 쏘이게 되면 싱싱하게 보존되는 것이다.

그런데 하늘 위의 물(수증기)층이 지구를 감싸고 있었을 때에는 강한 빛들은 이 물분자들에 의해 차단되므로, 지구 표면에는 수증기를 통과하는 약한 빛들 곧 가시광선, 원적외선 등만이 가득하게 된다. 즉, 생명체에 해로운 빛들은 걸러지고, 생명체의 활성을 높여주는 빛들이 충만하였던 환경이 바로 노아 홍수 이전의 지구환경이었다. 또한 태양열도 온실효과(Greenhouse effect)를 일으키며 지구 전체를 따뜻하게 만들었을 것이다. 이러한 환경에서는 노화가 거의 진행되지 않으므로, 모든 생명체가 오랜 수명을 유지할 수 있었던 것이다. 그래서 노아 때까지의 평균 수명이 900세 이상이 가능했던 것이다.[8]

즉, 궁창 위의 물의 이러한 역할 때문에 사람의 수명이 현재보다 훨씬 길 수 있었고, 성경은 이를 사실대로 창세기에 기록하고 있는 것이다. 왜냐하면 사실이니까.

물의 근원에 대해서는 큰 깊음의 샘물이 터진 것으로 대부분 설명할 수 있지만 궁창 위의 물층, 즉 물층 이론(Canopy theory)도 이를 설명하기 위한 또 하나의 견해라고 보아야 할 것이다.

물층이론(Canopy theory)**에 의하면 궁창 위의 물은 존재했고, 깊음의 샘과 함께 전 지구적 홍수가 가능케 한 물의 근원이었다. 또한 전 지구를 따뜻하게 만들었을 뿐만 아니라 사람의 수명도 길게 하는 역할을 했을 것이다. 즉, 성경의 장수기록은 사실이다.**

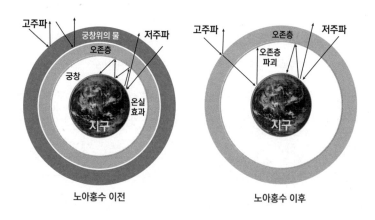

[그림] 홍수 이전 궁창위의 물의 존재와 이것의 역할

노아 홍수와 방주

사람의 수명 (장수의 비밀)

창세기는 왜 900세 이상의 장수를 기록하고 있을까? 이런 기록을 보면 대부분의 사람이 성경은 분명히 신화라고 생각할텐데 말이다. 이성적으로 볼 때 이것은 매우 불필요한 기록이라고 생각할 수 있다. 그럼에도 불구하고 성경은 왜 이런 장수 사실을 구체적인 나이를 언급하며 기록했을까? 그것은 900세 이상의 장수가 '역사적인 사실'이었기 때문이다. 노아홍수 이전에는 분명 오래 살았고, 사람이나 동물들의 신체적 크기도 매우 컸을 것으로 추정하고 있다. 이것에 대한 증거는 세계 도처에서 발견되고 있다. 그 중 몇 가지의 간단한 사례만을 살펴보면 다음과 같다.

1950년대 후반 터키의 남동쪽 유프라테스 계곡에서 도로 공사 중에 발견된 사람의 뼈 대퇴골 양쪽 끝의 길이가 120cm로서 사람의 키가 4m 이상으로 추정할 수 있다.

또 하나의 사례를 살펴보면, 텍사스 글렌로즈의 팔룩시강의 백악기 석회암 지층에는 48.3, 54.6, 64.8cm(19, 21.5, 25.5 인치)의 사람 발자국들이 발견되었다. 이러한 거인의 발자국들은 과거에 살았던 사람들이 우리가 생각하는 것보다 훨씬 컸었다는 실제적인 증거들이다. 그들의 신장은 2.7-4.7m (9-19 피트) 크기인 것으로 추정된다. 이 거인들의 발자국들은 텍사스 글렌로즈의 팔룩시강 바닥에서 발견된 수많은 사람 발자국들 중에서 일부이다. 어린이에서 거인들까지 수십 개의 사람 발자국들이 중생대 백악기 석회암 세 지층에서 공룡들의 발자국과 나란히 또는 겹쳐서 발견되어 왔다.

이러한 사실은 앞서 언급한대로 홍수 이전의 지구는 매우 이상적(ideal)으로 창조되었기 때문에 사람과 동물들이 오래 살 수 있었으며, 신체적인 성장도 매우 잘되었을 것이다.

다시 사람의 수명 이야기로 돌아가 보면, 어떤 사람들은 창세기의 장수에 대하여 "아마도 그때 사람들은 꽤 지겨웠을 것이다. 100살도 되기 전부터 늙었을 텐데 주름살투성이의 얼굴에 머리는 다 빠지고 이빨도 다 빠지고 허리는 구부러져서 지팡이를 짚고 다니면서 900년 동안을 살아야 했다니..." 라고 생각할지도 모른다. 그러나 오해이다. 노아 홍수 이전의 사람들은 늙지 않으면서 젊음을 유지한 채로 천년 가까운 세월을 살았던 것이다.

창세기는 오늘날의 경험에 비추어 말도 안 되는 긴 인간의 수명을 반복적으로 기록하고 있다. 아담은 930년을 살았고, 므두셀라는 969년을 살았고, 노아는 950년을 살았다. 오늘날의 기준 으로 판단하면, 이것은 불가능한 일이다. 현대의 많은 크리스천들이 창세기를 읽을 때, 이러한 숫자에 대해 머뭇거리게 되고, 결국 일부는 성경 전체를 거부하는 것으로 끝을 맺는다.

노아 홍수 이후 사람들의 수명은 에벨 464세, 아브라함 175세, 모세 120세로 단계적으로 감소한다. 식물 유전학자인 존 샌포드는 성경 창세기에 기록된 사람들의 수명은 950살을 산 노아 이후부터 급격히 감소되고 있다며, "이러한 감소곡선은 결코 우연히 생겨날 수 없는 일"이라고 말했다.[9]

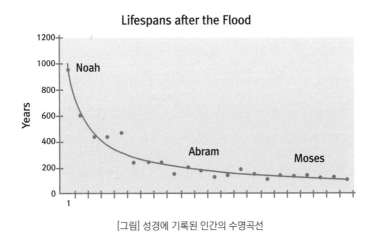

[그림] 성경에 기록된 인간의 수명곡선

창세기 5장과 11장에 기록된 족장들의 수명을 살펴보면, 노아 홍수 후에 수명이 급격히 짧아진 것을 알 수 있다. 이것은 세계 역사에서 극적인 무엇인가가 일어났다는 증거가 된다. 그 극적인 사건이 무엇일까? 바로 '노아시대 대홍수' 사건인 것이다.

그러면 이 노아시대 대홍수 사건이 사람의 수명에 어떻게 영향을 미쳤을까?

이에 대한 여러 가지 견해가 존재하는데 여기서는 그 여러 가지 견해를 간단히 정리해 보았다.

첫 번째, 궁창 위의 물에 의한 빛의 유해(수명감소) 요소 차단 효과

앞서 궁창 위의 물을 설명할 때 언급하였듯이 궁창 위의 물이 존재했다면 이 물층이 태양의 빛을 선별적으로 차단할 수 있다는 것이다. 지구에 들어오는 빛의 대부분은 태양으로부터 오는데 인간의 눈에 보이는 가시광선 외에도 그보다 강한 자외선, 엑스선(X-ray), 감마선(우주선) 등이 있다. 이러한 빛들은 생명체 내의 세포들을 파괴하는 빛으로서 그중 자외선은 피부노화의 원인이 되며, 결국 사람의 수명을 감소시킨다. 이와 반대로 약한 빛인 적외선, 원적 외선, 마이크로파, 라디오파 등도 있는데, 그 중에서도 원적외선은 생명체의 활성을 유지시키는 작용을 한다.

그런데 하늘 위의 물(수증기)층이 지구를 감싸고 있었을 때에는 강한 빛들은 이 물분자들에 의해 차단되므로, 지구 표면에는 수증기를 통과하는 약한 빛들 곧 가시광선, 원적외선 등만이 가득하게 된다. 즉, 생명체에 해로운 빛들은 걸러지고, 생명체의 활성을 높여주는 빛들이 충만하였던 환경이 바로 노아 홍수 이전의 지구 환경이었다. 이러한 환경에서는 노화가 거의 진행 되지 않으므로, 모든 생명체가 오랜 수명을 유지할 수 있었다고 보는 견해이다. 즉, 홍수 이후 궁창 위의 물이 모두 사라지면서 사

람의 수명이 급격히 감소하였다는 것이다.

두 번째, 깊음의 샘들이 터지면서 나오는 방사능 물질로 인한 유전자 손상

성경에서 발견되는 사람 수명의 생물학적 감소 곡선이, 과학 분야에서 돌연변이 축적으로 인해 알려진 생물학적 감소 곡선과 매우 일치한다. 아담의 범죄 이후 매 세대마다 발생한 무작위적 돌연변이들은 계속 축적되었을 것이고, 유전자들은 지속적으로 손상되었을 것이다. 특히 노아 홍수 때에 사람의 유전자 풀이 8명으로 줄어드는 유전적 병목현상이 일어났다. 그리고 노아 홍수는 지구 환경에 엄청난 변화를 초래했고, 이로 인해 돌연변이들이 가속화되었을 것이다.

예를 들면, 궁창 위의 물이 사라져 해로운 광선이 대량으로 들어오게 되었거나, 지하로부터 방사능 물질이 대량으로 방출되었을 수 있다. 노아 홍수 이후에 돌연변이의 발생이 급격히 증가하여, 수백 년 이상을 살 수 있게 했던 유전자들이 손상되거나 없어졌을 수 있다. 샌포드는 이렇게 쓰고 있었다 : "수명 데이터는 초기 족장들의 매우 긴 수명이 실제였음을 가리키고 있다. 그리고 노아 홍수 이후에 사람 수명의 급속한 하락은 사실이었다."[9]

세 번째, 노아 홍수로 인한 유전자 병목현상

창세기 기록에 의하면, 대홍수 이전의 사람들은 오늘날에 비해 매우 긴 수명을 가지고 있었다. 그러한 긴 수명을 가능케 한 메커니즘으로는 해로운 우주선의 차단과 같은 대기 환경의 변화에 초점이 맞추어져 왔었다. 하지만 노화에 관해 밝혀지고 있는 새로운 생물학적 사실들은 다른 원인을 가리키고 있다.

예를 들어, 노아에서 모세까지 수명 감소 그래프를 그려보면, 하나의 곡선을 얻을 수 있는데, 이것은 근친교배(inbreeding)의 결과로 생겨나는 수명 감소 곡선과 매우 유사하다는 것이다. 이 연관성은 내부적 원인, 아마도 유전적 원인을 가리키고 있는데, 그것은 인구 집단이 노아 홍수 이후 단지 8명으로 급격히 감소하는 병목현상 후에 발생했던 것으로 보인다. 1980년에, 인류학자인 아더 커스탄스(Arthur Custance)는 이렇게 썼다 :

"이 도표는 하나의 역사적인 수명 감소 과정에 대한 명백한 증거를 보여주고 있는 것처럼 보인다. 수명 감소의 대부분은 홍수 이후에 태어났던 열 번째 세대까지에서 일어났다."[10] 인간의 유전자들은 노아 홍수 이후 극적인 개체수 감소로 유전적 결손 가능성이 높았을 뿐만 아니라, 근친결혼으로 인해 후생유전적 요인들이 손상을 받았을 가능성이 있다는 것이다. "노화 과정은 복잡한 방식으로 일어나는 광범위한 세포 메커니즘의 장해이며, 아직도 잘 이해되지 않고 있다." [11] 따라서, 긴 수명의 생화학과 노아 홍수 이후에 발생했을 세포 메커니즘의 장해에 대해서 아직도 확실하게 알려진 것이 없다. 그러므로 창세기에 기록된 홍수 이전 사람들의 긴 수명을 비판할 생화학적 근거는 충분하지 않은 것이다.[12]

이렇듯 성경의 노아시대 대홍수 이전의 장수 기록과 홍수 이후 수명의 급격한 감소는 여러 가지의 견해를 통해 살펴보더라도 충분히 일어날 수 있는 사실이었음을 우리는 알 수 있다.

대홍수 이후의 지구의 변화

노아시대 대홍수는 그야말로 큰 깊음의 샘물이 터지고 (조산운동, 화산활동, 대륙이동, 지하수의 폭발 등) 하늘의 창이 열리는 (궁창 위의 물이 쏟아짐) 1년 이상 지속된 전 지구적인 대격변의 사건이었다. 이러한 대격변의 중심에 있는 대홍수 이전의 지구의 환경은 지금과는 달랐다는 것을 앞서 계속 언급하였다. 그러면 대홍수 이후의 지구에는 어떤 변화가 일어났을까?

첫 번째, 지구 지각의 변화가 일어났다.

궁창 위의 물이 없어지고, 오존층이 얇아지면서 해로운 태양 광선들이 지표면으로 침투하게 되면서 창조 때의 매우 이상적인(ideal) 지구의 환경이 파괴되었다. 이로 인한 사람 수명의 감소는 이미 설명한 바 있다.

전 지구를 덮었던 물은 격변적 지질학적 변화(산은 오르고 골짜기는 내려감)에 의해 산은 높아지고 바다는 깊어져 많은 물을 가둘 수 있었다.

> "옷으로 덮음 같이 주께서 땅을 깊은 바다로 덮으시매
> 물이 산들 위로 솟아올랐으나 주께서 꾸짖으시니 물은
> 도망하며 주의 우렛소리로 말미암아 빨리 가며 주께서
> 그들을 위하여 정하여 주신 곳으로 흘러갔고 산은 오르
> 고 골짜기는 내려갔나이다." (시 104:6-8)

깊음의 샘들 및 해저화산 등의 분출로 혼돈된 지각을 하나님께서 다시 정리하기 시작하셨다. 거대한 산맥(예, 조산대)이 융기(솟아오름)됨으로 인해 바다 밑은 반사적으로 그만큼 깊어지는 곳(해분 등)이 생기게 된 것이다. 퇴적암층으로 이루어진 산맥들을 가진 새로운 거대 대륙들이 솟아 올랐다. 히말라야 산맥, 알프스 산맥, 안데스 산맥, 록키 산맥 등은 최근의 융기로 인하여 조성된

산맥들임이 밝혀졌다.

　　한편 지각이 융기된 만큼 다른 부분은 상대적으로 가라앉게 되므로 바다는 더욱 깊어진 곳이 생겼다. "산은 오르고 골짜기는 내려갔나이다." 노아 홍수 전에는 그렇게 높은 산들이 없었고 노아 홍수 후 지각 변동으로 거대 산맥들이 융기되어 이루어진 것이므로, 그 이전에 물이 높은 산에 올랐다는 것은 쉽게 해결된다.

두 번째, 기후의 변화가 일어났다.

　　앞에서도 설명하였듯이 홍수 이전에는 지구가 아주 이상적으로 창조되어 극지방이나 적도지방의 기온차가 거의 없었다. 기온차이가 거의 없으니 기압차가 거의 없었을 것이고, 기압차가 거의 없으니 바람도 심하지 않고 비도 내리지 않는 환경이었을 것이다.

　　창세기에는 "여호와 하나님이 땅에 비를 내리지 아니하셨고 땅을 갈 사람도 없었으므로 들에는 초목이 아직 없었고 밭에는 채소가 나지 아니하였으며 안개만 땅에서 올라와 온 지면을 적셨더라."(창 2: 4-6) 라고 기록하고 있다.

　　그러나 대홍수 이후 지구의 기후는 급격하게 변하게 된다. 극지방과 적도지방의 온도차가 매우 커지게 되며, 기압차에 의한 바람이 강하게 불면서 추위와 더위가 심해지게 된다. 창세기

8장에는 홍수 이후의 모습을 이렇게 묘사하고 있다.

> "땅이 있을 동안에는 심음과 거둠과 추위와 더위와 여름
> 과 겨울과 낮과 밤이 쉬지 아니하리라." (창 8:22)

온 땅을 덮었던 그 많은 물은 홍수 후에 어떻게 되었을까?

> " … 바람으로 땅 위에 불게 하시매 물이 감하였고 … 물
> 이 땅에서 물러가고 점점 물러가서 … 감하고 … 물이
> 점점 감하여" (창세기 8:1-5)
> "남방 밀실에서는 광풍이 이르고 북방에서는 찬 기운이
> 이르며 하나님의 부시는 기운에 얼음이 얼고 물의 넓이
> 가 줄어지느니라" (욥기 37:9-10)

궁창 위의 물이 사라지자 극지와 적도 사이에 큰 온도차가 생기
기 시작했다. 물층이 있던 홍수 전과는 반대로 급격한 온도차는
기압차를 가져오고 기압차는 바람이 생기게 하였으며, 그 바람
은 물의 순환을 촉진시켰을 것이다. 출애굽 할 때 하나님이 초자
연적으로 동풍을 불게 하여 바다를 가르신 것처럼, 하나님께서
초자연적으로 강한 바람을 불게 하여 바다의 물을 물러 가게도
하셨을 것이다. 육지를 다 덮었던 물이 어디로 물러갔을까. 거기

에 대한 답이 성경에 설명되어 있다.

> "저가 바닷물을 모아 무더기 같이 쌓으시며 깊은 물을
> 곳간에 두시도다"(시편 33:7)

"저(하나님)가 바닷물을 모아 무더기 같이 쌓으시며"라고 하신 말씀이나 "하나님의 부시는 기운에 얼음이 얼고"(욥 37:10)라고 하신 말씀은 곧 북극과 남극의 빙산을 가리키는 것이며, "깊은 물을 곳간에 두시도다"라는 말씀은 바다 깊은 곳에 물창고가 있음을 가리키는 말씀이다. 세계에서 제일 깊은 바다는 태평양상의 괌도 남서쪽 370킬로미터 지점에 있는 마리아나 해구의 비티아즈 해연으로 깊이가 11,034m이며 2Km이상 뻗어 있다는 사실이 탐사 결과 알려졌다. 그리고 최근 발표한 것을 보면, 첼린저 해연은 그 깊이가 18,063m라고 한다.

　　육지를 덮었던 물을 빙산으로 쌓기도 하고, 깊은 물 곳간에 가두기도 하여 땅이 드러나게 한 것이다.

노아 방주를 찾아서 (노아 방주는 존재하는가)

노아의 방주가 묻혀 있을 것으로 추정되는 아라랏산은 터키와

러시아 경계에 놓여있다. 터키족은 이 산을 '방주의 산(Mountain of the Ark)' 혹은 '고통의 산(Mountain of Pain)'이라고 부르고, 쿠르드족은 이 산을 오르려고 시도하는 사람은 누구에게나 재앙이 따르기 때문에 '재난의 산(Mountain of Evil)'으로 부르며, 미국인들은 '세계의 어머니(The Mother of the World)', 페르시아인들은 '노아의 산(Mountain of Noah)'으로 부른다. 쿠르드족은 성경에 노아가 포도원을 만든 산자락에 포도밭을 만들었다.

미국 창조과학연구소의 존 모리스 박사(Dr. John Morris)는 아라랏산을 13번에 걸쳐 탐험했으며, 오르기 매우 힘든 산이었다고 설명한다. 느슨한 암석과 눈사태의 위험, 독뱀과 늑대가 있으며, 보호를 위한 나무와 물은 없다. 그 산은 빙하로 덮여있기 때문에, 수증기가 응결하여 매일 오후에 맹렬한 번개를 동반한 뇌우가 발생한다.

노아의 방주를 실제로 봤거나, 가서 본 많은 사람들의 목격 증언에 대한 사실이 많은 문헌에 기록되어 있다. 기원전 700년에, 터키인들은 성스러운 징조인 신성시되는 배에서 타르를 벗겨 내기 위해서 산 위로 순례 여행을 하곤 했다. 하지만, 이것이 너무 위험해지자, 이러한 관습을 그만두게 되었다. 기원전 300년에, 한 바벨론 제사장은 부적으로 방주의 일부분을 사용한 것에 대해 말했다. 상형문자로 써 놓은 것으로부터 판독된 한 이야기는 기원전 30년에 노아의 방주와 그것의 나무 조각들을 본 헤로니무스(Heronimus)에 대해 들려준다. 또한 기원전 30년에, 헤롯 대왕의 전기 작가였던 다마스쿠스(Damascus)의 니콜라스의 기록도 방주와 그 유물에 대해 들려준다. A.D. 380년에, 에피포누스(Epiphonus)라고 불리던 한 남자는 방주의 나무를 보여줬다. A.D. 1254년에, 하이폰(Hyphon)은 노아의 방주를 봤다고 기록하고 있다. 그리고 심지어 마르코 폴로가 1269년에 방주를 봤다는 기록도 있다.

1955년 페르난드 나바라(Fernand Navarra)라는 이름의 프랑스인은 아라랏산으로 세 번째 탐험을 했다. 그의 초기 두 번의 시도에서는 아무것도 발견하지 못했다. 이번에 그의 아들 라파엘(Raphael)을 데리고 가서, 30피트 되는 빙하의 갈라진 틈에 있는 방주를 발견했으며, 커다란 나무 조각을 가지고 돌아왔다. 그것은 5피트(1.5m) 길이에, 손으로 다듬어서 정사각형으로 만든 버팀목 조각이었다. 때로는 방주가 14,000피트에서 보이고, 또 때로는 15,000피트에서 보인다. 이것은 수도원을 파괴했던 1840년의 지진으로 말미암아 방주도 또한 2조각으로 부서져서, 한 부분은 15,000피트에 남아 있고, 나머지 한 부분은 14,000피트로 미끄러져 내려가, 주변에 부서진 두꺼운 판자(planks)를 남겨놓았을 것이라는 설명이다.

1950년대 후반과 1960년대 초반에, U-2 정찰기의 조종사들이 아라랏산의 측면에 있는 배를 봤다고 보고했다.

1969년 페르난드 나바라가 다시 방주를 찾기 위해 탐사팀과 함께 아라랏산으로 되돌아 왔다. 이번에는 빙하 틈이 단지 눈으로 가득 차 있었다. 그러나 그 지역 주변을 조사한 후에, 7월 31일에 다섯 개의 판자를 발견했다. 이 판자들은 아마도 앞에서 말한 지진으로 부서진 것들이었을 것이다.

1972년 7월에, 랜드샛(LANDSAT) 위성도 또한 아라랏산 위에 있는 노아의 방주에 대한 증거를 사진상으로 보여줬다. 컴퓨터로 확대된 사진은 산의 나머지 부분과 확연하게 다른 한 지역을 보여줬다.

이외에도 수많은 노아 방주 흔적의 발견에 대한 보고가 있지만 대부분 사실로 확인된 경우는 없다. 그런데 재미있는 사실은 아라랏산 주변 지역에 사는 아이들의 증언이다. 그 지역 사람들은 아라랏산 어딘가에 노아의 방주가 있을 것이라는 것을 확신하고 있다는 것이다. 이것은 노아 시대 이후 홍수에 대한 사실이 구전되면서 그 지역 사람들의 입에 오르내리고 있는 것으로 노아의 방주가 역사적으로 존재했음을 설명해 주는 매우 근거있는 증거라고 할 수 있다.

현재 터키 정부는 그 지역의 정치적 상황 때문에 아라랏산으로의 모든 탐험을 금지했다.

노아의 방주 발견에 대한 많은 발표가 있었지만 확실한 근거를 갖고 있지는 않다. 그러나 아라랏산 주변에 사는 사람들은 아라랏산 어딘가에 노아의 방주가 있을 것이라는 것을 확신하고 있다.

3

노아 방주 속 과학 이야기

지금까지 앞장에서는 노아시대 대홍수가 동일과정설에 기초한 진화론에 맞서 창조과학에서의 가장 중요한 대격변의 역사적 사건이었다는 것을 설명하였다. 또한 성경의 기록과 비교하여 대홍수가 미친 영향(지구의 지질학적, 기후적 환경의 변화와 인간 수명의 영향 등)에 대해 많은 과학적 근거를 통해 이 사실을 재조명해 보았다. 노아의 홍수 사건이 역사적인 사건으로 전제되어야 그때 하나님의 지혜와 설계로 만들어진 노아의 방주가 얼마나 안전하게 설계되었는지를 알아보는 것이 의미가 있기 때문이다. 다시 한번 정리하면, 노아시대 대홍수는 대격변의 전 지구적인 홍수이었으며 역사적인 분명한 사건이었음을 다시 한번 밝혀둔다.

그러면 노아의 방주는 정말로 그 엄청난 격변적 홍수 상황에서 안전했을까? 이번 장에서는 노아 방주 속에 숨어 있는 과학 이야기를 쉽게 풀어가고자 한다.

1992년 (사)한국창조과학회에서는 대덕연구단지에 위치한 선박 분야의 국내 유일의 정부출연 연구소인 한국해사기술연구소 (이하 KRISO : Korea Research Institute of Ship & Ocean Engineering로 칭함, 현재 선박해양플랜트연구소)에 '노아 방주의 안전성 연구'라는 프로젝트를 의뢰하게 된다. 그 시기는 1993년 국내 과학 엑스포로는 처음 개최되는 대전 엑스포가 열리기 직전으로 한국창조과학회에서는 노아 방주에 대한 안전성을 현대 조선공학적인 관점에서 과학적으로 그 우수성을 밝히고 대전 엑스포에 맞추어 창조과학 전시관을 열어 노아 방주의 실험 결과를 전시하려는 것이었다.

필자는 그 당시 KRISO에 연구원으로 근무를 하고 있었고, 이 프로젝트를 처음 참여했을 때는 왜 창조과학회에서 노아 방주에 관심이 있는지를 알지 못하고 있었다. 그냥 성경에 나오는 노아 방주에 대해 재미있는 실험을 해보고 싶은가보다 정도로 생각했었다. 그러나 이 프로젝트에 참여하면서 앞서 설명한대로 노아 홍수 사건이 창조과학에서 얼마나 중요한 의미(전 지구적 대격변)를 갖는 사건인지, 또한 그때 만들어진 노아의 방주가 하나님의 지혜와 설계로 만들어졌는데 그 방주가 얼마나 안전하게 설계되었는지를 검증하는 것은 매우 중요한 의미를 갖고 있음을 알게 되었다.

필자가 근무를 했던 KRISO는 정부출연연구소이면서 조선 산업 분야에서는 세계적으로 공인된 실험 시설인 대형 선형시험 수조(Model basin)를 보유하고 있다. 현대 조선산업에서는 대형 조선소에서 선박을 수주받아 설계 및 생산을 하기 전에 그 선박의 성능을 예측해 보기 위해 반드시 이런 대형 선형시험 수조에서 모델을 제작하여 실험을 수행하게 된다.

KRISO의 대형 선형시험 수조는 길이가 200m 정도의 대형 시설로서 현재는 국내뿐만 아니라 전 세계적으로 많은 대형 선형시험 수조가 만들어져 활용되고 있지만 1992년 그 당시만 해도 KRISO의 수조는 국내 유일의 시설로서 엄청나게 많은 선박의 모델 테스트를 수행한 실적을 보유한 세계적으로 공인된 실험 시설이었다.

그 당시 KRISO에서 수행한 노아 방주의 안전성 평가 연구는 세계적으로 공인된 실험 시설에서 세계 최초로 현대 과학적인 조선공학적 관점에서 연구를 한 것이라는데 큰 의의가 있다고 할 수 있다.

KRISO의 노아 방주의 안전성 연구는 세계 최초로 세계적으로 공인된 실험 시설에서 현대 조선 공학적인 관점에서 수행된 연구이었다는데 큰 의의가 있다.

노아 홍수와 방주

노아 방주의 안전성 평가 프로젝트가 이루어지다

이 프로젝트는 한국창조과학회(이하 창조과학회)의 의뢰에 의해 수행되었으며, 연구의 대상은 성경에서 언급되고 있는 노아의 방주(Noah's Ark)이며, 연구의 목적은 노아 방주의 안전을 조선공학적인 방법에 따라 평가하는 데 있었다. 노아 방주에 대하여는 성경 창세기 6장에 구체적으로 명시되어 있음에도 불구하고 조선공학적인 관점에서는 지금까지 그다지 많은 관심을 불러일으키지 못하였다. 방주에 대한 여러 가지설에도 불구하고 정작 방주는 어떠한 종류의 선박이며, 어느 정도의 격심한 환경까지 안전하게 살아남을 수 있었을까에 대한 과학적이고 체계적인 연구는 수행된 바가 없었다. 성경에 의하면 방주는 고페르 나무(개역한글: 잣나무)로 제작되었고 크기는 길이×폭×높이가 300×50×30 규빗으로 되어있으며, 여기서 1 규빗은 어른의 손끝에서 팔꿈치까지의 거리로 길이를 재는 히브리 지방의 단위이다.

이러한 거대한 방주를 그 당시의 기술력으로 건조할 수 있었을까? 그리고 과연 방주는 대홍수의 격변적 환경하에서 안전을 유지할 수 있도록 설계된 구조로 되어있는가? 이와 같은 과학적인 질문에 대하여 정확한 답을 하기에는 주어진 정보가 매우 빈약한 것이 사실이다. 그러나 조선공학적 측면에서 볼때 성경에 주어진 선박의 주요치수, 구조부재의 재질에 관한 정보만으로도 격심한 풍랑 중에서 표류하는 선박으로서 방주의 안전성이 어느 정도의 현실성이 있는가에 대해 평가를 하는 것은 가능하다.

일반적으로 선박의 안전 성능은 아래의 그림과 같이 선체의 구조적인 안전성, 선체의 복원 안전성, 그리고 파랑 중에서 승객과 화물의 안전성 등 세 가지 안전 요소로 나누어 평가할 수 있다. 이들 세 가지의 안전 성능은 바람, 파랑(파도), 조류 등의 운항 환경에 따라 영향을 받게 된다. 이러한 안전 성능을 절대평가 하기 위해서는 각 안전 요소에 대한 안전도의 기준이 설정되어야 한다. 그러나 대상 선박에 대한 정보가 극히 부족한 경우에는 다른 형태의 유사 선박과의 상대적인 안전도의 우열을 정량화하여 전반적인 안전도를 평가하는 것이 타당할 것이다.

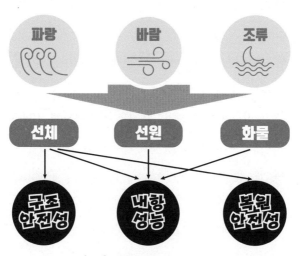

[그림] 선박의 안전 성능 평가 요소

이 연구에서는 연구의 방법으로, 방주와 동일한 배수량(排水量)을 가지면서 길이-폭-높이의 비가 다른 12척의 비교 선형을 체계적으로 도출하고 각각 변환된 선형의 안전성능을 동일한 환경조건 하에서 평가하여 상대적인 안전도를 평가하는 것으로 하였다. 선형정보는 창조과학회가 제공하는 자료를 근거로 하였으며, 그 외의 선형자료는 합리적이고 체계적인 검토를 거쳐 추정된 것을 사용하였다. 이와 같이 방주의 안전 성능을 종합적으로 평가하는 연구는 지금까지 수행된 바 없으나 설계된 선박이 각각의 안전 요소를 만족하는지 아닌지를 평가하는 기법은 이미 확립이 되어 있다. 따라서 각각의 안전 요소의 상대적인 중요성이 설정되면 종합적인 안전도를 수량화하여 표시할 수 있을 것이다. 이 연구에서는 이와 같은 종합안전도의 개념을 가지고 파랑 안전성뿐만 아니라 복원 안전성과 구조 안전성에까지 확대하여 적용하여 주어진 선박의 상대적인 안전도를 비교 검토할 수 있게 하였다.

선형(線型) 데이터의 설정

주요치수(Principal Dimensions)의 결정

노아의 방주에 관한 자료 중 주요치수(길이, 폭, 높이)는 성경의 창세기 6장 15절 기록에 의하면 다음과 같이 규빗(Cubit) 단위로 주어져 있다. 길이 L= 300 Cubits, 폭 B= 50 Cubits, 높이 D= 30 Cubits, 여기서 말하는 규빗이라는 단위는 중동지방에서 쓰는 단위로 성인 남자의 손끝에서부터 팔꿈치까지의 길이를 기준으로 하고 있는데, 민족과 지방에 따라 실질적인 길이는 약간의 차이가 있다. Scott[13]에 의하면 아래 표와 같이 규빗의 길이를 정리할 수 있다. 본 연구에서는 이 중에서 히브리지역의 Common Cubit(17.5 in)을 택하여 노아 방주의 주요치수를 산정하면 노아 방주의 길이는 133.35m가 된다. 그러나 연구의 편의상 길이(L)를 135m로 채택하여 다음을 연구의 주요 치수로 사용하였다.

길이(L) = 135.0m 폭(B) = 22.5m 높이(D) = 13.5m

	종류	크기
히브리	Common Cubit Long Cubit	17.5 in. 20.4 in.
이집트	Common Cubit Long Cubit	20.6,5 in. 17.60 in.
바빌로니아	Royal Cubit	19.80 in.

[표] 규빗의 종류

노아 홍수와 방주

선형의 형상 결정

노아 방주의 형상에 대한 자료가 문서로 전해지는 것은 없으나 방주가 정착한 곳으로 알려진 터키 동부의 Ararat산(창 8:4) 근처에서 방주를 목격하였다는 목격담([14] Has Anbody Really seen Noah's Ark, [15] Noah's Ark and the lost World)을 근거로 하여 볼 때 네모 형상의 바지(barge)선으로 추정된다. 본 연구에서는 한국창조과학회에서 제공한 방주의 형상도(그림 참조)를 근거로 하여 선형을 결정하였다. 기본적으로는 직육면체형의 선형에 약간의 선저 경사와, 상부갑판 Camber를 갖는 것으로 생각하였으며, 본 연구에서 다루고자 하는 구조적인 안전성, 복원 안전성 및 파랑 중 안전성 면에서 볼 때 선형의 미세한 차이가 큰 영향을 주지 않으므로 선저 경사의 크기, 갑판 Camber의 크기(0.1D)를 적당히 산정하여 선형을 결정하였다.

[그림] 추정된 노아
방주의 형상

흘수 및 무게중심의 위치

노아 방주의 흘수(물에 잠긴 높이)에 대한 특별한 자료는 없으나 창세기 7장 20절에 언급된 "물이 불어서 15 규빗이 오르매 산들이 덮인지라 ...."에 근거하여 선체의 높이인 30 규빗의 절반인 15 규빗이 물에 잠긴 부분으로 해석하여 흘수는 높이의 절반으로 채택하였으며 이는 대부분의 외국 자료에서도 인용되고 인정되고 있다. 이같이 높이의 절반을 흘수로 산정하면, 방주 전체의 배수량 A는, $135m \times 22.5m \times (13.5/2)m = 20,503.125m^3$이 되어 해수 중에서는 해수의 밀도를 1.025로 하면 21,016톤이 된다.

방주의 배수량 = 21,000톤

선박의 복원안전성, 파랑안전성을 평가하는데 있어 무게 중심의 위치는 매우 중요한 물리량이다. 길이 방향으로는 선체의 중앙부에 무게 중심이 위치한 것으로 가정하는 것은 현실적으로 타당하다. 그러나 높이 방향의 무게 중심의 위치(보통 KG라 통칭함)는 여러 가지 가능성이 있을 수 있다. 본 연구에서는 방주의 구조가 3층 갑판구조임을 감안하고, 각 갑판 및 좌우현의 선측판의 두께 t를 균일하게 가정하며, 종강도 부재중 각 갑판과 선측판이 차지하는 비율을 70%로 하여 선체 자체의 중량분포를 가정하였다.

먼저, 화물이 세 갑판에 균일하게 나누어져 적재된 경우를 생각하면 KG = 4.93m = 0.365D와 같이 얻어지고, 화물이 아래 갑판으로부터 2:2:1로 적재된 경우를 생각하면 KG = 4.21m = 0.312D와 같이 얻어진다. 이 연구에서는 좀 더 보수적인 관점에서 이 두 개의 값의 평균값인 KG = 4.5m = D/3으로 가정하였다.

$$KG = 4.5m = D/3$$

관성모멘트

파랑 중의 선체의 회전운동에 영향을 주는 또다른 중요한 요소인 횡운동 관성능률과, 종운동 관성능률은 통상의 선박과 같이 정하였다. 즉,

횡 운동관성 반경 $K_{xx} = 0.40B$

종 운동관성 반경 $K_{yy} = 0.25L$

$K_{zz} = 0.25L$

선체의 구조

선체의 구조 안전성을 정확하게 평가하기 위하여는 방주의 내부 구조 및 재질에 대한 정확한 자료가 필요하나, 현실적으로 이에 관한 자료가 거의 없으므로 본 연구에서는 선체 구조를 단순화

하여 구조적인 특성을 평가하였다. 선체를 이루는 부재를 크게 프레임(frame)과 판(plate)으로 나눌 수 있는데, 프레임은 다시 종강도용과 횡강도용으로 나누어진다. 우리가 상상할 수 있는 프레임의 구조는 직사각형의 4변을 이루는 프레임과 대각선을 이루는 프레임의 조합으로 구성되어 있을 것이다. 선체의 외곽, 갑판, 수직 격벽들에는 프레임 구조 위에 판을 접합하였을 것으로 생각된다. 구조 강도를 평가함에 있어 국부적인 강도보다는 선체 중앙부에서의 종강도가 가장 중요하고, 따라서 중앙부에서의 종강도 프레임과 선저 외판, 갑판의 크기와 두께 등이 중요하다. 본 연구에서는 기초적인 종강도의 평가만을 수행하였으며 이를 위하여 중앙부의 구조를 이상화하였다. 즉, 두께가 균일한 선저 외판, 갑판, 천장 plate 및 선측 수직 외판들로 구성된 것으로 가정하였고 이때 선체 내부의 수직격벽은 무시하였다. 한편 선체의 재질은 잣나무로 가정하여 비중은 0.68, 최종강도는 1000kg/cm²를 사용하였다.

이에 대한 자세한 설명은 구조 안전성 평가 부분에서 설명하기로 한다.

비교 선형의 결정

선박의 안전성을 상대적으로 평가하기 위해서는 비교 선형을 선정하여야 한다. 비교 선형을 형태가 다른 현대의 유조선, 군함, 컨테이너선 등으로 채택할 수도 있으나, 체계적인 비교를 위하여는 적당한 방법이 아니다. 또한 우리가 알고 있는 가장 확실한 정보는 선체의 주요치수인 길이, 폭, 높이이므로 이를 체계적으로 변화시킨 선형을 비교 선형으로 채택하는 것이 더 의미가 있을 것이다. 따라서 방주 모양인 네모 모양의 바지(Barge)선 형태를 취하면서 주요치수의 비가 상이한 선형들을 비교 선형으로 추출하였으며, 이때 선박의 배수량(재화중량과도 관계됨)은 일정하게 유지하여, 같은 크기의 화물을 적재할 수 있는 것으로 하였다. 기준 선형은 노아 방주로 하였으며, 이를 중심으로 길이를 고정하고 폭과 높이를 변형한 4척, 폭을 고정하고 길이와 높이를 변형한 4척, 그리고 높이를 고정하고 길이와 폭을 변형한 4척 등모두 13척의 변형된 선형을 정하였으며 이의 주요치수는 아래 표와 같다. 선체의 형상, 무게중심의 위치, 관성변경 등은 기준선과 같은 식으로 주요치수의 함수로 가정하였다.

Ship No.	길이 (L)	폭 (B)	높이 (D)
0 (기준선)	$L_0 = 135$ m	$B_0 = 22.5$ m	$D_0 = 13.5$ m
1	L_0	$B_0 / 1.5$	$1.5\,D_0$
2	L_0	$B_0 / 1.2$	$1.2\,D_0$
3	L_0	$1.2\,B_0$	$D_0 / 1.2$
4	L_0	$1.5\,B_0$	$D_0 / 1.5$

5	$L_0 / 1.5$	B_0	$1.5 D_0$
6	$L_0 / 1.2$	B_0	$1.2 D_0$
7	$1.2 L_0$	B_0	$D_0 / 1.2$
8	$1.5 L_0$	B_0	$D_0 / 1.5$
9	$L_0 / 1.5$	$1.5 B_0$	D_0
10	$L_0 / 1.2$	$1.2 B_0$	D_0
11	$1.2 L_0$	$B_0 / 1.2$	D_0
12	$1.5 L_0$	$B_0 / 1.5$	D_0

[표] 비교 평가를 위한 변형된 방주의 선형 자료

파랑(波浪) 안전성의 평가

선박의 파랑 안전성은 쉽게 말하면 그 안에 탄 사람이 얼마나 쾌적함을 느끼는가의 정도를 나타내는 것이다. 이는 주로 선박의 상하운동이나 여러 형태의 움직임(가속도), 충격 등에 의해 영향을 받는다고 볼 수 있다. 배를 타면 파도의 움직임에 의해 속이 울렁울렁 거리고 멀미를 하게 되는데 이것에 대해 얼마나 쾌적함을 느끼는지를 나타내는 지표이다.

평가조건 및 평가요소의 선정

선박이 운항하는 해상의 상태는 크게 파랑과 바람으로 표시하며 파랑의 경우는 유의파고(有意波高, significant wave height)로, 바람의 경우는 평균 최대풍속으로 정량화하여 나타낸다. 한편 파랑 중에서 선박의 거동은 파고뿐만 아니라 선박의 운항 속력, 그리고 파도가 입사하는 방향(파향)에 따라 달라진다. 파랑 안전성에는 유의파고가 관련되며, 따라서 안전성의 평가는 파고의 크기와 파향, 그리고 운항속도에 따라 수행되어야 한다. 노아 방주의 경우 운항 속도는 거의 없는 것으로 추정되므로 파고와 파향에 따른 평가만을 수행하였다.

파랑 안전성에 관련된 여러 가지 평가 요소가 있으나, 이 연구에서는 방주라는 특수성을 감안하여 다음과 같이 8가지의 평가항목을 선정하였다.

1. 상하운동 (heave)

2. 종운동 (pitch)

3. 횡 운동 (roll)

4. 船首수직가속도 (vertical acceleration at FP)

5. 선수갑판 침수 빈도(deck wetting frequency at FP)

6. 船首부 슬래밍 빈도(slamming frequency at St. 1.5)

7. bridge 수직 가속도

8. bridge 수평 가속도

여기서 bridge의 위치는 길이 방향으로는 선체중앙부, 높이 방향으로는 홀수선 에서 상층부로 D/4 되는 위치로 선정하였다.

평가 방법

본 연구에서 대상으로 한 8가지 파랑 안전 요소를 평가하기 위하여 조선공학에서 널리 사용하는 선체 운동 평가기법을 사용하였다. 이 방법에서는 해상의 불규칙한 파랑의 파고는 Rayleigh 분포를 따르며, 이 파랑 중의 선체 운동응답도 Gauss 분포를 따르는 것으로 가정하고, 따라서 불규칙 해상에서의 선체운동 응답을 각각의 규칙 성분파 중의 응답을 선형중첩(線形重疊)하여 표시할 수 있다고 가정한다. 그러면, 평가의 첫 단계는 규칙파 중에서의 응답을 구하는 것이고, 다음 단계는 이를 선형중첩하여 불규칙 해상에서의 응답을 구하는 것이 된다. 평가의 결과는 파고의 크기와 파향에 따라 다르게 정리된다.

자세한 평가방법은 상당한 조선공학적 지식이 필요하므로 여기에서는 생략하도록 한다. 관심이 있으면 이 프로젝트 연구결과 보고서[16]를 참고하길 바란다. 대부분의 독자는 고민하지 말고 그런게 있구나 하고 넘어가시길.

파랑 안전 기준에 의한 운항한계 파고의 산정

상대적인 평가와 아울러, 실제로 얼마나 큰 파도까지 안전한 항해가 가능할 것인지를 알기 위해서는 절대적인 평가가 필요하다. 앞서 언급한 바와 같이 절대적인 평가를 위한 자료가 부족하여 결과의 신뢰성이 다소 떨어지지만, 대체적인 안전도를 가늠해 보는 데는 도움이 될 것이다. 선박의 선수 가속도를 살펴보면 현재 여객선에 적용되는 기준인 0.34g (유의진폭 有意振幅: g=중력가속도)와 비교하여 보면 방주는 43m의 파고까지 운항이 가능한 것으로 나타난다. 한편 선체의 횡운동 응답으로부터 방주의 可沈 한계경사각을 31도로 볼 때, 방주는 40m 파고의 파랑 이상이 되어야 실질적 침수가 발생함을 알 수 있었다.

파랑 안전성 평가를 위한 안전 지수 산정을 위해서 동일한 파랑 조건에서 화물 및 선원의 손상에 영향을 미치는 물리적 현상의 상대적 크기를 기준으로 하였다. 평가를 위한 요소는 상하운동(heave), 종운동(pitch), 횡운동(roll), 가속도, 갑판침수, 선저충격으로 설정하였다. 아래 그림은 파랑 안전성 관점에서 각 선형별 안전지수를 보여주고 있다. 평가 요소에서도 알 수 있듯이 파랑 안전 지수는 선형의 주요치수의 변화에 골고루 영향을 받아 크게 변화가 없음을 알 수 있으며, 방주는 상대적으로 낮은 안전지수 (즉, 높은 안전성)를 보이고 있음을 알 수 있다.

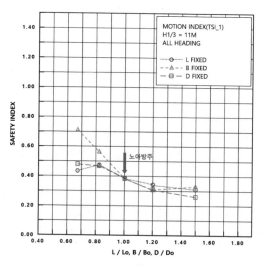

[그림] 파랑 안전성 비교 평가

파랑 안전성 관점에서 노아의 방주는 40m 이상의 파고에서도 운항이
가능한 매우 우수한 선박이다.

구조(構造) 안전성의 평가

선박의 구조 안전성은 여러 가지 요인이 있겠으나, 쉽게 말하면
운항 중 외부 요인에 의해 선박이 부러질 가능성이 있느냐를 나
타내는 것이다. 실제로 태평양을 떠다니는 30만톤 이상의 대형
선박도 부러지는 경우가 있다. 여기서는 주로 길이 방향의 종강

노아 홍수와 방주

도를 다루고 있으며, 선박이 운항을 하면서 파고가 높은 부분은 부력(물에 뜨려고 하는 힘)이 커지게 되고, 파고가 낮은 부분은 중력(무게에 의해 아래로 누르는 힘)이 커지게 되어, 운항을 하면서 파도의 영향에 의해 선박은 아래 그림과 같이 호깅, 새깅 현상을 반복하면서 선박의 가운데 아랫부분이 부러질 수 있게 된다.

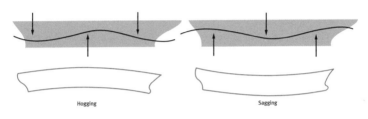

Hogging   Sagging

[그림] 선박의 호깅과 새깅

굵은 철사를 아무 도구가 없이 부러뜨리고 싶을 때 반복적으로 구부렸다 폈다를 반복하면 부러지는 것과 같은 원리이다. 왜 부러질까? 피곤해서 부러지는 것이다. 이것을 '피로 파괴(Fatigue)'라고 부른다.

평가 방법

노아 방주의 내부 구조에 관해서는 아직도 신비 속에 쌓여 있지만, 만약 그 당시 기술로 건조가 가능했다면 현재의 조선 공학 기술 측면에서 다음과 같은 추측을 해 볼 수 있을 것이다. "그 당시 자연 환경이 현재보다 좋아 나무의 크기가 10m 이상되는 것을 쉽게 구할 수 있었을 것이고, 나무의 직경은 1m 이상 되었을 것이다. 이것을 무게로 환산하면 5톤 정도이며 방주 전체의 나무 중량을 약 4,000톤으로 가정하면 약 800개 정도의 나무가 소요되었을 것이다. 이 나무를 이용하여 먼저 방주의 뼈대를 구성하기 위해 굵은 보(50cm×50cm)를 제작하여 방주 길이 방향, 폭 방향 및 높이 방향으로 서로 붙여 여러 개의 직사각형을 구성한 다음 각 직사각형을 잡아주기 위해 대각선 방향으로도 굵은 보를 붙였을 것이다. 다음에 물이 들어오지 않게 하고 내부에 여러 개의 방을 만들기 위해 두꺼운 판(30cm)을 제작하여 뼈대에 붙여 건조했을 것이다."

이런 가정하에 여기서는 방주의 구조 안전성을 평가하기 위해 앞에서 제시한 여러 가지 선형을 대상으로 하여 유체력에 의한 방법을 이용하여 종강도 측면에서 구조 설계를 수행하고 방주 전체의 나무 중량을 서로 비교하여 방주의 구조 안전 지수를 얻었다. 일반적으로 선박의 구조 설계를 위해서는 구조 부재의 배치 및 하중 상태를 알아야 하는데 노아 방주의 경우 방주의 길이, 폭, 높이 및 3층 갑판으로 이루어진 형상 정보 이외에는 내부 구조 부재에 대한 정보가 전혀 없으므로 방주의 횡강도 부재의 설계는 고려하지 않고 종강도 부재만의 설계를 수행하였다.

종강도 부재의 설계 방법으로 유체력에 의한 방법을 이용하여 종강도를 만족시키기 위한 판 두께를 구하고 방주 전체의 나무 부피를 계산하였다. 또한, 앞에서 가정한 건조 방법 및 내부 치수에 대한 자료를 토대로 ANSYS의 Pre Processor를 이용하여 건조 방법을 가시화하였으며 ANSYS를 이용하여 구조 해석을 수행하였다.

아래 그림에서 보는 것과 같이 방주를 건조하기 위해서는 뼈대 구조와 판 구조로 나누어 굵은 보를 제작하여 방주의 길이 방향, 폭 방향 및 높이 방향으로 서로 붙여 여러 개의 직사각형 모양을 구성한 다음 각 직사각형을 잡아주기 위해 대각선 방향으로도 굵은 보를 붙인다. 그리고 거기에 두꺼운 판을 제작하여 뼈대에 붙여 건조한다.

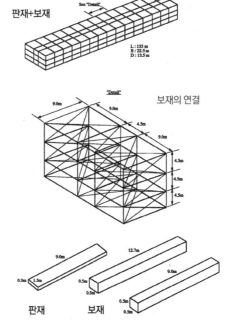

[그림] 방주 건조과정 가시화 모델

ANSYS를 이용한 구조해석 결과를 보면 아래 그림과 같다. 그림의 노아 방주 모델은 방주가 앞뒤 대칭으로 간주하여 1/2 모델을 나타낸 것이다. 그림의 결과는 구조해석 결과 중 등가 응력 분포를 나타낸 것으로 종강도 측면에서 볼 때 중앙부에서 최대 응력이 발생하고 있으며, 허용 응력보다 작아 구조적으로 안전함을 알 수 있다.

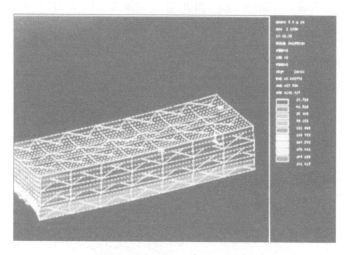

[그림] 노아 방주의 구조해석 결과

종강도 측면에서 볼 때 중앙부에서 최대 응력이 발생하고 있으며, 허용 응력보다 작아 구조적으로 안전함

노아 홍수와 방주

구조 안전 지수의 평가

노아 방주의 구조 안전 지수를 평가하기 위해 앞에서 제시한 여러 가지 선형을 대상으로 하여 종강도 측면에서 구조 설계를 수행하고 방주 전체의 목재 부피를 서로 비교하여 방주의 구조 안전 지수를 얻었다. 즉, 방주의 부피를 일정하게 한 조건에서 각 파고에 따라 방주 길이(L), 방주 폭(B) 및 방주 높이(D)를 변화시켜 허용 선각 단면 계수를 만족시키는 방주의 목재 부피를 계산한 다음 각 파고별로 목재 부피가 가장 크게 요구되는 경우를 안전 지수 1로, 가장 작게 요구되는 경우를 안전 지수 0으로 정의하고 나머지는 0과 1사이에 오도록 치환하여 안전 지수를 결정하였다.

여러 가지 선형에 대해 파고 변화(3m, 5m, 7m, 9m, 11m) 및 파도 입사각 변화(180도, 150도, 120도, 90도)를 주어 얻은 유체력을 이용하여 허용 선각 단면 계수를 구하였으며, 요구되는 목재 두께를 결정한 다음 구조 안전 지수를 계산하였다.

아래 그림은 구조 안전성 관점에서 13척의 모형에 대한 안전지수를 표기한 것으로서, 예상대로 길이와 깊이 변화에 대해서는 상당히 민감하며 폭과 깊이의 변화에 대해서는 영향이 적음을 알 수 있었다. 구조 안전성은 종강도 측면에서는 길이에 가장 민감하기 때문에 그림에서와 같이 길이를 고정했을 때 구조 안전 지수의 변화가 가장 적음을 볼 수 있다. 또한, 노아 방주의 구조 안전 지수는 상당히 낮아 구조적으로 안전성이 높음을 알 수 있다. 허용 강도 측면에서 노아 방주의 갑판 두께를 30cm로 가정하였을 경우, 몇 m의 파고까지 견뎌낼 수 있는가를 알아보기 위해 각 파고 변화에 따른 갑판 두께를 계산해 보면 약 파고 30m 정도까지 견뎌낼 수 있음을 알 수 있다.

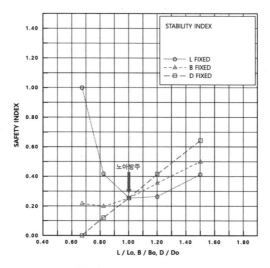

[그림] 구조 안전성 비교 평가

방주의 갑판 두께를 30cm로 가정할 경우 30m 정도의 파고에서도 구조적으로 안전하다는 것을 알 수 있다.

복원(復原) 안전성의 평가

복원력 이란

선박의 복원력은 선박을 전복(顚覆)시키려고 하는 외력 모멘트에 대항하여 원래의 자세로 돌아가서 직립의 위치로 되는 능력을 말한다. 선박은 구조적으로 폭에 비하여 길이가 길어 세로 방향(종방향)으로 전복되는 경우는 거의 없다. 따라서 주로 복원성은 가로 방향(횡방향)의 복원성만을 고려한다. 선박을 경사 시키는 경사 외력으로는 바람, 조류, 파랑, 갑판침수, 화물이나 여객의 이동, 선회조종 등이 있으며, 이러한 요인에 의해 선박의 횡경사가 발생된다. 선박에 경사가 발생하면, 아래 그림과 같이 부력의 중심이 이동하고 따라서 무게중심(G점)에 아래 쪽으로 작용하는 중력과 이동된 부력의 중심(부심, B점)에서 위쪽으로 작용하는 부력 간의 짝힘이 발생하며, 이 짝힘의 크기는 복원정(restoring arm) GZ에 비례하는 값으로 주어진다. 따라서 복원력의 평가에 있어 경사각에 따른 GZ의 변화가 중요하며 이를 복원력 곡선이라는 형태로 나타낸다. 그림에서 부력의 작용선과 단면의 중앙면선과 만나는 점 M은 경심(傾心) 즉, 메타센터(meta center)라 하며, GM을 메타센터 높이라 한다. 일반적으로 선박의 복원성을 평가하는 지표로 GM이 사용되는데, GM 값이 클수록 복원성이 좋다고 말할 수 있지만, 이 값이 너무 크면 이에 따라 횡동요 주기가 짧아져서 승선원에게 불쾌감을 줄 수 있으므로 적당한 GM 값을 유지하는 것이 중요하다. 일반적으로 GM 값의 크기에 따라 다음과 같이 선박의 상태를 정의할 수 있다.

GM이 0보다 큰 경우 : 선박의 안정 상태

GM이 0인 경우 : 선박의 중립 평형 상태

GM이 0보다 작은 경우 : 선박이 불안정하여 전복

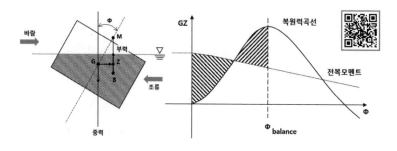

[그림] 선박 복원력의 개념 및 복원력 곡선

위의 QR코드로 들어가면 선박의 복원성에 대한 개념을 쉽게 설명하는 유튜브 동영상을 볼 수 있다[17]. 참고하기 바란다.

선박이 안전성을 유지하면서 경사할 수 있는 경사각을 한계(限界) 경사각이라 하는데 이는 대체로 해수가 유입되는 경사각으로 결

노아 홍수와 방주

정된다. 따라서 한계 경사각이 클수록 그리고 복원력곡선의 면적이 클수록 복원 안전성이 우수한 것으로 평가된다. 본 연구에서는 한계 경사각을 설정하기 위하여 해수가 유입될 수 있는 곳을 선박의 지붕 갑판의 끝단으로 가정하였다.

복원 안전 지수의 평가

방주의 복원 안전성을 평가하기 위하여 본 연구에서는 현행 선급 기준과의 비교를 수행하였다. 선급협회에서 사용하는 복원력 기준은 대체로 2가지가 있다. 즉, 경사초기(미소 경사각)의 GM값에 대한 기준과 복원력 곡선의 면적에 대한 동복원력 기준이 통상 많이 사용된다. 본 연 구의 대상 선형에 대하여 미국선급협회(ABS)가 사용하는 초기 GM 기준과 4개의 동복원력 기준을 적용하여 평가를 수행하였다. 그 결과, 선형 #1을 제외하고는 모든 선형이 이 기준을 충분히 만족함을 알 수 있다. 특히 노아 방주(#0)는 선급의 기준보다 13배 이상 안전한 것으로 평가되었다. 어떻게 보면, 방주의 형상이 앞서 언급한대로 네모 상자형이기 때문에 복원성에 대한 문제는 거의 없는 것으로 생각할 수 있다.

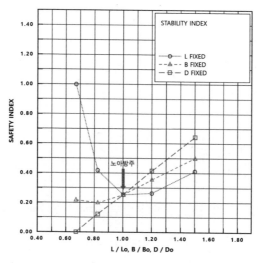

[그림] 복원 안전성 비교 평가

노아 방주의 복원 안전성은 현행 선급 규정의 13배 이상 안전한 것으로 평가되었다.

노아 방주의 종합 안전성 평가

앞서 13척의 비교 선형에 대해 파랑 안전성, 구조 안전성, 복원 안전성 각각에 대해 비교 평가를 수행하였다. 이러한 결과를 바탕으로 방주의 종합 안전성을 평가하기 위해 두 가지의 시나리오로 평가를 수행하였다.

첫 번째, 복원성의 경우 네모 상자 모양의 형태는 비교적 안전하다고 생각하고 이것의 가중치를 줄여 구조 안전성(4), 파랑 안전성(4), 복원 안전성(2)으로 하여 종합 안전도를 평가해 보면 아래 좌측 그림과 같이 노아의 방주는 총 13척의 모형중에서 3위에 해당된다.

　　두 번째, 1척(#1 선형)을 제외하고는 복원 안전성이 현행 선급 규정에 비하여 충분한 안전성을 가진 관계로, 종합적인 안전성을 평가함에 있어서 구조 안전성과 파랑 안전성 평가 결과만을 동일한 가중치로 종합하여 본 결과는 오른쪽 그림과 같다. 이를 살펴보면. 방주는 13척중 2위의 안전도를 갖는 것으로 평가된다. 그러나 가장 우수한 선형으로 평가된 선형(#1 선형)은 복원 성능이 가장 나쁜 것으로 밝혀졌다. 따라서, 종합 안전 지수로 평가된 방주의 안전성은 13척의 다양한 선형 중에서 가장 우수한 안전성을 갖는 것으로 평가되었다.

　　즉, 노아의 방주는 조선공학적으로 볼때 길이-폭-높이의 비가 상당히 적합하게 설정된 우수한 안전성을 갖는 선형이었음을 알 수 있다. 노아의 방주는 현재의 조선공학적 관점에서 볼 때 운항 안전면에서 매우 현실성 있는 길이-폭-높이를 가지는 선박으로 평가되었으며 또한 30m 이상의 열악한 파랑 중에서도 선체 승무원, 화물이 손상을 입지 않고 안전하게 항해할 수 있음을 알 수 있었다. 이론상으로는 43m까지의 파고에서도 운항 가능

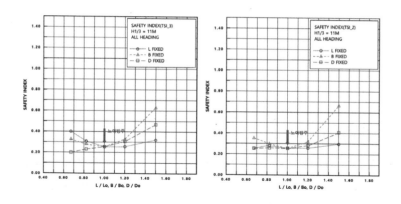

[그림] 종합 안전성 비교 평가

한 매우 우수한 선박이었다는 것이다. 현재까지 기상 관측 사상 가장 높은 파고가 32m 정도로 기록되어 있다고 보았을 때 그 엄청난 격변 속에서도 노아의 가족들과 동물들을 안전하게 보호할 수 있었던 것으로 평가된다. 이러한 결과를 컴퓨터 시뮬레이션을 통해서도 보여주는데 아래 QR코드로 들어가면 실제 구현된 방주의 안전성에 대한 컴퓨터 시뮬레이션 결과를 확인할 수 있다.

더 놀라운 것은 일반적으로 선박은 파도를 선박의 옆에서 맞을 때 전복될 가능성이 가장 높다고 할 수 있다. 가장 안전한 것은 파도를 선박의 정면에서 맞을 때이다. 실험 결과를 분석하면 노아의 방주 선형은 파도를 맞으면 방주의 선수 방향을 파도가 오

노아 홍수와 방주

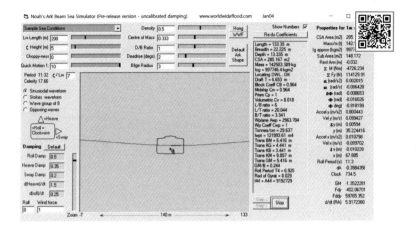

[그림] 노아 방주의 안전성 평가 시뮬레이션

는 방향으로 틀려는 성향을 가지고 있음을 발견하였다. 즉 방주는 위험한 파도의 상황에 대해 스스로 안전해지려는 능력을 가지고 있음을 알 수 있다. 하나님의 지혜와 설계로 만들어진 노아의 방주는 현대 조선공학적인 관점에서도 그 안전성 측면에서 놀라운 결과를 보여주었다.

현실적으로 입증하기 힘든 가설 아래 연구가 수행되었지만, 성경에 명시되어 있는 방주의 주요 치수가 우리가 가상할 수 있는 어느 경우에 비하여도 안전성 면에서 바람직한 것으로 평가된 본 결과는 기독교인들뿐만 아니라 일반인에게도 상당한 의미가 있을 것으로 여겨진다.

하나님의 지혜와 설계로 만들어진 노아의 방주는 스스로 안전해지려는 능력을 가진 안전성 측 면에서도 매우 우수한 형태를 가지고 있으며, 이론상으로 43m의 파고에서도 운항이 가능한 선박이다.

모형 시험

그 당시 수행한 '노아 방주의 안전성 연구'에서 사용한 이론적인 해석 방법의 신뢰성 확인과 이론으로 해석할 수 없는 조류에 의한 횡경사와 표류력 및 표류 모멘트의 추정을 위하여 모형 시험을 실시하였다. 모형선은 노아 방주(#0), #10, #12 선형 등 모두 3척을 제작하였다. 아래 그림은 제작된 모형선의 사진이다.

[그림] 방주를 1/50 스케일로 제작한 시험 모형 및 시험 장면

노아 홍수와 방주

모형은 티크목으로 제작하였으며, 모형의 외형은 정확하게 가공하였고, 내부는 임의로 제작하였다. 이는 모형 시험으로 평가되는 파랑 안전성과 조류력 등이 선체의 외적인 형상과 전체적인 무게중심의 위치, 관성반경 등만의 함수로 주어지기 때문이다. 시험은 연구소의 대형수조 (200m×16m×7m)에서 수행되었다. 시험에 사용된 시설로는 최대 6m/s 속력을 갖는 예인 전차, 최대 2.5cm 유의파고까지의 파랑을 생성할 수 있는 조파장치, 선체의 6자유도 운동과 국부운동을 측정하는 운동계측시스템, 그리고 대형 6분력계가 사용되었다.

현대 조선공학적 관점에서의 노아 방주에 대한 과학적인 시험은 세계 최초로 이루어진 것이며, 국제적으로 공인된 실험 시설에서 최신 선박 기술을 보유한 국제적 연구기관에서 수행된 연구라는 점에서 그 당시 언론에 많은 관심을 불러 일으켰으며, 아래 그림과 같이 다양한 언론에서 이를 보도하기도 하였다[18]. 아래 QR코드로 들어가면 그 당시 언론에서 보도된 노아 방주에 대한 영상을 볼 수 있다.

세계적으로 공인된 연구기관에서 조선공학적인 관점에서 수행된 세계 최초의 노아 방주의 안전성 연구를 통해 밝혀진 방주의 매우 우수한 안전성 결과는 기독교인들뿐만 아니라 일반인에게도 상당한 시사하는 바가 크다고 할 수 있다.

방주 안전성 실험(해사 기술 연구소, 1992년)

[그림] 노아 방주의 안전성 시험에 대한 언론 보도

1. 이재만, 노아홍수-통풍장치과 규모, http://creation.kr/Ark/?idx=1288304&bmode=view

2. CREATION-EVOLUTION ENCYCLOPEDIA, http://www.pathlights.com/ce_encyclopedia/Encyclopedia/11spec01.htm

3. 노아의 방주에 관한 24개의 질문과 답 (FAQ) Q6, http://creation.kr/Ark/?q=YToxOntzOjEyOiJrZXl3b3JkX3R5cGUiO3M6MzoiYWxsIjt9&pag e=4

4. 노아의 방주에 관한 24개의 질문과 답 (FAQ) Q8, http://creation.kr/Ark/?q=YToxOntzOjEyOiJrZXl3b3JkX3R5cGUiO3M6MzoiYWxsIjt9&pag e=4

5. Hibernation, Migration and the Ark http://creationontheweb.com/content/view/5482/

6. 세계의 홍수전설, http://creation.kr/EvidenceofFlood/?idx=1288372&bmode=view

7. 앤드류 스넬링(Andrew Snelling), New Answers Book 14장 'Can Catastrophic Tectonics Explain Flood Geology? (격변적 판구조론이 홍수지질학을 설명할 수 있을 것인 가?)', 2006년 11월

8. Bodle Hodge, "What Is the State of the Water Vapor Canopy Model? (창세기 1장 의 "궁창 위의 물"에 대한 수증기 캐노피 모델의 분석), http://creation.kr/Genesis/?idx=3780275&bmode=view

9. Sanford, J., J. Pamplin, and C. Rupe. Genetic Entropy Recorded in the Bible? Encouragement for Believers – Science Update. Posted on logosra.org June 1, 2014, accessed June 26, 2014.

10. Custance, A. C., The Seed of the Woman. Brockville, Ontario: Doorway, 73. 1980, Also available online at custance.org.

11. Fuzzy Logic Predicts Cell Aging. Children's Hospital Boston press release, June 18, 2010, reporting on research published in Kriete, A., W. J. Bosl and G. Booker. 2010. Rule-Based Cell Systems Model of Aging using Feedback Loop Motifs Mediated by Stress Responses. PLoS Computational Biology. 6 (6): e1000820.

12. Brian Thomas, "More Mysteries for the Science of Long Life", 2010. 6. ICR News, https://www.icr.org/article/more-mysteries-for-science-long-lif

13. Scott, R.B.Y., "Weights and Measures of the Bible",The Archeologist, Vol. XXII, Np.2, 1959.

14. Cummings, Ciolet M., "Has Anybody Really Seen Noah's A가?". Baker Book House, 1982.

15. Morris, John D., "Noah's Ark and the Lost World", A Division of Creation Life Publishers. 1988.

16. 홍석원 외, 노아 방주의 안전성 연구, 한국기계연구원 선박해양공학연구센터 보고서, 1993. 6.

17. 유튜브 영상, https://www.youtube.com/watch?v=OCeCHdhuHk8&t=7s&ab_channel=%EC%9E%A5%EC%9E%AC%ED%99%98JaehwanJang

18. 노아 방주 시험 기사 : 국민일보 1993. 2. 17일자 "노아 방주는 매우 안전한 선박 / 해사 기술연 홍석원 박사팀 입증".